小学教育管理工作的创新与实践

李淑萍 ◎ 著

辽宁人民出版社

图书在版编目（CIP）数据

小学教育管理工作的创新与实践 / 李淑萍著 . — 沈
阳：辽宁人民出版社，2023.10
ISBN 978-7-205-10823-6

Ⅰ.①小… Ⅱ.①李… Ⅲ.①小学教育－教育管理－
研究 Ⅳ.①G627

中国国家版本馆CIP数据核字(2023)第153837号

出版发行：辽宁人民出版社
　　　　　地址：沈阳市和平区十一纬路25号　邮编：110003
　　　　　电话：024-23284321(邮　购)　024-23284324(发行部)
　　　　　传真：024-23284191(发行部)　024-23284304(办公室)
　　　　　http://www.lnpph.com.cn
印　　　刷：辽宁新华印务有限公司
幅面尺寸：170mm×240mm
印　　张：13
字　　数：200千字
出版时间：2023年10月第1版
印刷时间：2023年10月第1次印刷
责任编辑：张天恒　王晓筱
装帧设计：中知图印务
责任校对：吴艳杰
书　　号：ISBN 978-7-205-10823-6
定　　价：68.00元

小学教育,又称基础教育,是整个教育事业的基础,在整个人生的教育阶段,其发挥着奠基石的重要作用。万丈高楼平地起,教育就像建万丈高楼一样必须有坚固的地基,小学教育正是起到了这样的作用。作为启蒙教育,无论语文、数学、英语还是科学、品德(品德与生活、品德与社会)等的教育,都对人生今后各个方面的发展起着至关重要的作用。要提高整个教育事业的质量,必须从小学教育抓起。

小学是教育的初级阶段,是整个教育领域中重要敏感的阶段,作为一种实践活动的小学教育管理工作,是对小学教育活动和小学组织的管理。小学教育管理工作的状况,直接影响小学教育活动和小学办学的成效,对小学生的终身健康发展发挥着极其重要的作用,对学生的学习和成长具有非常重要的意义。教育教学中的每个举措、每个环节及教师的一言一行都会体现出素质教育的价值取向,因而推动小学教育管理工作的创新与发展对小学教育教学的发展有着重要的作用。

知识经济时代、新课改教学背景下,国家将小学教育置于更加重要的战略地位,小学教育也面临着十分难得的发展契机。但挑战与机遇共存,新时代对小学教育管理者提出了更高的工作要求，不仅表现在思想层面，更表现在教育管理工作者的工作方式上，对小学教育管理者整体管理水平提出了更高要求。教育管理者作为能够持续完善学校教育管理工作，不断提升整体教学质量，并推进学校核心竞争力不断提升的关键群体，不仅仅是传递知识的主体，更是实现新时期教学变革的重要推动者。如今小学的教育管理虽然取得了一定成绩，开始由行政集权向民主管理转变，由经验主义向规范化、科学化转变，但是仍然存在着管理主体单一、创造力匮乏、效率低下、办学效果不佳等问题。因此，运用现代化的管理理论推进现代学校制度建设，创造教育管理者管理环境，才能激发学校内部的活力，依靠学校管理者和教职工的积极性，把学校效能提到更高的层次，才能够全面提升学生的自主意识及综合能力素养。

因而，以小学教育管理工作视角，解读小学教育管理工作的基本理念与重要性，探讨小学教育管理中的教学管理、班级管理、教师管理、学生管理、德育管理以及校园文化建设管理，提出小学教育管理模式的创新路径，无论是对提升小学教育管理工作的水平，还是对小学一线教育管理者的实践工作开展都有实用价值，还具有充分提高小学办学水平的积极重大意义。

目 录

第一章　小学教育管理工作概述

第一节　小学教育管理的基本理念

一、小学教育管理的内涵

（一）管理的内涵

1. 管理的含义

在《现代汉语词典》中，"管理"一词的义项之一，就是"负责某项工作使顺利进行"。管理是一种社会现象，凡是有群体共同活动，共同劳动或工作的地方，都需要管理，以指导人们完成或达到共同的目的。学术界关于管理的概念层出不穷，许多中外学者从不同的研究角度出发，对"管理"做出了不同的解释。比如，管理是通过计划、组织、控制、激励和领导等环节来协调人力、物力和财务资源，以期更好地达成组织目标的过程。管理就是由一个或更多的人来协调他人活动，以便收到个人单独活动所不能收到的效果而进行的各种活动。

综合上述观点，可以简单地理解为：管理就是组织管理者通过对组织所拥有的资源（包括人力、物力、财力）实行计划、组织、领导和控制，更好地达成组织目标的活动。管理具体包括四项基本职能：①计划，定义目标、制定战略、开发具体计划以协调活动的过程。②组织，决定需要做什么，怎么做，谁去做。③领导，指导和激励所有的个人或团队，有效地沟通以及解决冲突。④控制，监控活动以确保按计划完成。任何一个组织都需要管理。

任何一种管理活动都包含以下四个基本要素：①管理主体——谁来

管？②管理客体——管什么？③组织目的——为何而管？④组织环境或条件——在什么情况下管？

2.管理的特性

（1）目的性

明确、可靠、共赏的目标是群体存在、管理行为发出的第一基础。

（2）社会性

第一，管理是一种社会现象，随处可见；第二，社会一时一刻也离不开管理（随处可见所以不可或缺）；第三，管理离不开社会，要体现社会的进步要求和提供的可能。

（3）约束性

管理对于对象是有一定的约束性的，这种约束可以是行为约束，也可以是社会舆论等。因为要协调各种资源，就要调整人们的行为。但这种调整会给利益主体带来不同的影响，有时是消极的影响，因此必须有人暂时放弃个人或局部的利益，所谓要顾全大局。当然，一般来说，这种约束带来的利益损失可以使群体或组织目标实现中得到补偿。

（4）手段性或外在性

在很多人看来，管理就是提高效率。事实上，管理本身从来就没有自己的目的，管理永远是手段而不是目的。教育管理包括学校管理，如果说有目的的话，就是教育的目的，教育管理应该围绕教育的目的来开展。

（5）主体性

管理是一种认识和改造世界的活动，人的主观能动性、积极性和潜在的力量在一定条件下是完全可以改变的。通过组织调整和行为控制，群体或组织发出的能力大于部分之和。

（二）教育管理的含义、特征与职能

1.教育管理的含义

教育管理就是管理者通过组织协调教育队伍，充分发挥教育人力、财力、物力等信息的作用，利用教育内部各种有利条件，高效率地实现教育管理目标的活动过程。它是国家对教育系统进行组织协调控制的一

系列活动,分为教育行政管理和学校管理。学校管理又分为大学教育管理、中学教育管理和小学教育管理等。

2.教育管理的特性

我们认为教育管理是教育管理者对教育组织的资源进行有效整合以达到组织既定目标与责任的动态创造性活动。这种活动具有二重性、动态性、科学性、艺术性、创造性、经济性六个特性。

（1）二重性

管理二重性是指管理的自然属性和社会属性。教育管理的目的在于建立一种稳定的秩序和制度,为教学提供良好的环境和氛围,以保证教学活动的科学有效地开展,最终促使人的发展。因此,教育管理的自然属性体现在教育管理理论、方法及教育管理的程序性和流程性。而教育本质上是培养人的活动,人具有社会性,且教育活动本身也要受到社会政治经济制度和生产力发展的影响,所以教育管理的社会属性更多地体现在传递社会意识上,通过教育管理活动,使得年轻一代掌握社会所倡导的社会意识形态。

（2）动态性

教育管理这类活动的动态性特性主要表现在这类活动需要在动态的环境与组织本身上进行,需要消除办学资源配置过程中的各种不确定性。因此教育管理不是停留在书面上的东西,它是教育管理现实实践过程中的操作。书面上的东西最多是管理实践的总结或理论的推演,它是一种静态的东西,学习管理需要书面上的东西,但更重要的是学会在什么样的状况下如何实施具体的管理。事实上,由于各个教育组织所处的客观环境和具体的办学环境不同,各个教育组织的目标和办学资源多寡优劣不同,从而导致了每个教育组织中资源配置的差异性,这种差异性就是动态特性的一种派生,表明不存在任何唯一标准的处处成功的教育管理模式。

（3）科学性

教育管理的动态特性并不意味着管理这类活动没有科学规律可循。

教育管理活动尽管是动态的,但还是可将其分成程序性活动和非程序性活动两大类。所谓程序性活动就是指有章可循,照章去做便可取得预想效果的管理活动。所谓非程序性活动是指无章可循,需要边做边探讨的管理活动。这两类活动虽然不同,但又是可以转化的,实际上现实的程序性活动就是以前非程序性活动转化而来的,这种转化的过程是人们对这类活动与管理对象规律性的科学总结,管理的科学性在这里得到了很好的体现。对新管理对象所采取的非程序性活动只能依据过去的科学结论进行,否则对这些现象的管理便失去了可靠性,而这本身也体现了管理的科学性。

(4)艺术性

由于教育管理对象分别处于不同年龄段、不同层次、不同的发展需求、不同的资源供给条件等状况下,这就导致对每一具体管理对象的管理没有一个唯一的静止的模式,特别是那些非程序性的、全新的管理对象,则更是如此。从而造成了教育管理活动的成效与管理主体在管理技巧发挥作用的大小有很大相关性。教育管理主体对其管理技巧的运用和发挥,体现了管理主体设计和具体运作管理活动的艺术性。另一方面由于在达成办学资源有效配置的目标与责任的过程中可供选择的管理方式种类多样,因此如何在现实的管理之中做出合情合理的抉择,这也是管理主体的一种管理艺术性技能的充分体现。艺术性更多地取决于人的天赋与直觉,是一种非理性的东西,管理有时就是一种非理性的活动[1]。

(5)创造性

教育管理的艺术性特征实际上已经与管理的另一个特征相关,这就是创造性。教育管理既然是一种动态活动,既然对每一个具体的管理对象没有一种唯一的完全有章可循的模式可以参照,那么欲达到既定的组织目标与责任,就需要一定的创造性。教育管理的创造性首先就表现在因材施教上,教育管理者要根据不同的对象,不同的教育情况,机智灵活地运用教育规律,达到最优的教育效果。另外,随着社会的发展,教育管

---

①黄云峰,姚翠薇,杨军. 小学教育管理[M]. 成都:电子科技大学出版社,2019:31-36.

理的创造性还表现在教育管理内容、方式和手段上的不断创新上。

(6)经济性

学校办学资源配置是需要成本的,因此驾驭管理就具有经济性。教育管理的经济性,第一,反映在办学资源配置的机会成本方面,教育管理者选择一种资源配置方式是以放弃另一种资源配置方式的代价而取得的,这里有个机会成本的问题。第二,教育管理的经济性反映在管理方式方法选择上的成本比较,因为在众多可帮助进行资源配置的方式方法中,其所费成本不同,故如何选择就有个经济性的问题。第三,教育管理是对教育组织资源有效整合的过程,因此选择不同办学资源供给和配置,就有成本的考量。

教育管理的六个特性既相对独立又相互联系,既相互影响又相互作用,是辩证统一的关系。

3.教育管理的职能

虽然目前人们的说法还不尽相同,但总括来说,主要有以下几方面的职能。

(1)计划

确定教育事业长期或短期的发展目标,并选择和确定实现这些目标的基本手段与步骤。

(2)组织

即对教育活动中的人力、财力、物力等进行筹集和调配,并有效地落实任务和确定职责等。

(3)指挥

即指挥下属明确要干什么和怎么干。

(4)控制

随时了解和掌握教育工作的进展情况,确保教育活动朝着预定的目标和方向发展。

(5)激励

充分调动师生员工的积极性,增强系统运行的活力和动力。

（6）创新

教育管理作为文化精神和知识领域里的管理活动，不仅是适应性工作，更多的是创造性工作。教育管理者要面对教育系统内在、外在的不断变化，适时地更新工作思路，与时俱进地开展各项工作。

（三）小学教育管理的含义

小学教育管理是指运用一定的指导思想和理论，对小学学校教育、教学和后勤总务等事务进行管理的一种社会实践活动。

小学教育管理涉及小学教育的教学管理、班级管理、教师管理、学生管理、德育管理、校园文化建设管理等方面的内容。

我国在实行小学义务教育的时候，不断改革小学教育制度，使之更加符合国家发展的要求、学生发展的特点和教育发展的规律。20世纪90年代以来，我国除了在小学教材上不断进行改革以外，还大力推行素质教育。各地区、各小学都在探索小学素质教育的真正内涵和小学素质教育的发展之路，并取得了一系列可喜的成绩。除了国家在制度层面推行小学教育改革外，课程的改革也取得了显著的成效。小学课程由语文、数学两门课程发展到包括英语、科学、社会和计算机等提高小学生现代科学意识和科技基础知识的课程。而且，教学理念也发生了革命性的变化，由老师为中心到老师为主导学生为主体，教师为学生服务的思想得到了广大小学教师的认可并能够运用到实践中。教学方法中引入了现代化的多媒体教学，声、光、影真正走进了小学课堂，小学生活更加丰富多彩。

随着人们对教育教学认识的进一步加深，小学的教育更加科学，对学生的培养更加符合教育规律。当然，任何改革都不是孤立的，都是对历史的继承和发展，都离不开对历史的考察，因此，考察小学发展的历史，从中探索小学发展的规律是小学改革得以前进的基础。

二、小学教育管理的特点

教育管理作为社会管理的一个分支,有其自身的特点。如果忽视教育管理的特点,将教育管理与企业管理、政府的行政管理、军队管理等相混淆,就会破坏教育质量和秩序。英国企业家、慈善家、人本管理先驱罗伯特·欧文斯指出:"毫无争议,学校过去一直按科层式的方式进行组织管理,或像现代贬义词所述,以工厂为楷模进行组织管理,现在大体上仍然如此。"大部分教育行政人员把自己的工作概念化为对操作程序的管理。很明显,此概念在强调管理的同时,阻碍了学校领导的发展。

小学教育管理作为教育管理的重要组成部分,首先具有教育管理的基本属性,以区别于社会其他领域的管理。但在教育管理内部,小学教育管理又以自身的特点与学前教育管理、中等教育管理、高等教育管理和成人教育管理、职业教育管理等相区别。小学教育管理具有如下特点。

(一)教育性

小学教育管理的教育性,是小学教育管理区别于工厂企业等其他领域管理的一个显著特点。小学教育工作是育人工作,小学教育管理是对育人工作的管理。无论是学校管理的大政方针、规章制度、措施手段,还是用人处事、理财管物的各种行为,都要考虑到对受教育者所产生的影响作用,都要有利于受教育者的长期健康发展。

教育性是教育管理区别于其他领域管理的显著特点。作为教育管理的一部分,小学教育管理同样具有教育性。由于小学教育自身具有养成性、基础性的特点,小学教育管理的教育性就具有了更加重要的意义。

基于小学教育管理的教育性,从事小学教育管理必须凸显小学教育管理中的"人"。强调这一点,主要由于现代教育,特别是现代学校,是工业文明的产物,它反映了工业社会对学校的要求,工业社会的一些概念也就渗透到学校生活的各个方面。这使教育管理呈现出与工业管理相同的趋势,物的生产管理的理念、制度、方法、手段等,被不加区分地应用到教育管理活动中,对教育工作及受教育者的长期发展造成严重的伤害。从本质上讲,学校不同于工厂企业,教育规律与经济规律不能相互替代,按照经济规律办教育、管教育,注定要失败。所以,必须使广大教育工作者认识到,学校是培育人的地方,而不是生产标准件的车间。教育管理的目的、手段等,应体现教育工作的宗旨,应有利于人的长期健康发展。

基于小学教育管理的教育性,从事小学教育管理必须树立正确的教育时空观。要使广大教育工作者树立"教育无小事,事事皆育人;校园无闲地,处处皆育人"的教育管理理念。

基于小学教育管理的教育性,从事小学教育管理必须做到"以人育人"。"以人育人"首先是全部教育管理工作的特点。同时,由于小学生模仿能力强,是非判断能力弱,"以人育人"便具有了更重要的意义和价值。在学校这个人—人系统中,教育者的个性魅力对受教育者具有有形或无形的影响,教育者的素质特征会通过师生交往而迁移并嵌入学生的人格结构中去。所以,小学教育工作者必须关注自身的一言一行、一举一动对学生造成的影响,必须时时处处以自己的思想品德和模范行为去教育和影响受教育者,做到"言必虑其所终,而行必稽其所敝",即讲话一定要考虑讲话的影响,而行为就要考察其效果,以免给小学生带来不良的影响。

(二)复杂性

小学教育管理的复杂性主要源于受教育者和教育工作本身的复杂性。

第一,人的成长发展不仅受到学校、家庭、社会的影响,更受到个体主观能动性的影响。小学生不能被加工,也不能被编入程序进行操作。小学生的成长发展具有不可预设性,小学教育管理无法预定和控制一个人的发展,具有比物的生产管理更明显的复杂性。

第二,人有主动性。与工商业中的原材料完全被动地接受加工不同,小学生是活生生的人,他们不但接受管理,而且积极参与管理;他们不但被塑造,同时也自我塑造。在教育活动过程中,小学生管理着自身的资源,做出自己的选择,客观上对小学教育管理的成效构成影响。小学教育及管理传递的思想、观念、知识、能力等,不会简单地转移到小学生身上,必须通过小学生的主观能动性的发挥,才能真正在小学生身上发生作用。

基于上述分析,可以看到,要提高小学教育管理的成效,必须善于调动每个受教育者的主观能动性。从某种意义上讲,能否充分调动受教育者的主观能动性,是小学教育管理能否成功的关键。

第三,人天生具有个体差异。在接受教育管理影响的过程中,每个小学生都会呈现出不同的特点,所以,小学教育不能如工厂一样"批量生产"相同规格的学生,小学教育管理工作不能标准化、简单化。所谓"因材施教""一把钥匙开一把锁",正是基于此。

第四,小学教育及小学教育管理不仅建立在理论知识和技术手段基础上,更突出地建立在人与人关系的基础上,而这种关系具有不可预测性。这使小学教育及管理成效的测定和衡量成为复杂的问题,小学教育的质量既是教师教出来的,也是学生学出来的;小学教育管理的质量既是教育管理者工作的结果,也是学生自我管理的结果。与一般工厂企业管理相比较,在小学教育管理过程中,正确处理人与人的关系更加重要,不可能如物的生产管理一样统一化、简单化。

(三)随机性

小学生在成长发展过程中,不仅接受学校施加的正规教育影响,而且还会主动或者被动地通过各种渠道,接受活跃的社会信息的影响。学校很难准确预测和有效控制这些信息对小学生的影响,使得小学教育管理具有了明显的随机性。

现代社会,科学技术的发展使信息传播、沟通的渠道多种多样,传播的速度快捷迅疾、瞬息万变,信息容量浩大,信息内容不仅丰富多彩,而且真假、善恶、美丑交叉渗透。尽管小学教育管理活动会对小学生的信息接收进行一定的控制,但在特定时间,小学生通过广播、电视,特别是互联网等媒介,听到什么,看到什么,想到什么,进而决定采取什么行动,可能是小学教育管理无法预先控制的。这就要求小学教育管理者重视对小学生言行的观察,重视调查研究,深入小学生中及时掌握动态变化,以便尽力做好对不良言行的预先控制。同时,还要善于运用教育管理机制来随机处理突发情况,使小学教育管理的计划性、统一性与随机制宜的灵活性、创造性有机结合。

(四)迟效性

小学教育管理的迟效性,是指育人活动具有比物的生产更长的周期,所谓"十年树木,百年树人"。学校管理者需要经历较长时间的等待,才能看到自身的工作成效。同时,由于迟效性,使得学校管理的成效具有了不可逆转性。所以,从事学校管理必须具有极强的谨慎态度。

学校教育的迟效性体现在两方面:一方面,是学校教育系统内部的质量迟效性。例如,学前教育质量影响学校教育质量,中小学教育质量影响高等教育质量,等等。另一方面,是学校毕业生使用过程中的迟效性。例如,高校教育质量要在大学生毕业参加工作后,经历一定年限的工作实践才能充分显示出来。所有的育人工作都具有周期长的特点,小学教育及管理同样具有较长的周期。小学教育管理者要等待学生从小学毕业进入初中,甚至要等待学生参与社会实践,才能看到自身的工作成效。

小学教育管理的迟效性,同时意味着小学教育管理效果的不可逆转性。物的生产管理,其效果具有可变性、可逆转性。而小学教育管理效果一旦形成,几乎就是不可改变的。一旦教育及管理不当,给受教育者的身心带来不利的影响,无论教育管理者怎样力图改变,都无法彻底消除这种不良后果。

根据以上分析,从事小学教育管理工作,必须树立面向未来,为未来负责,为学生的长期健康发展负责的意识,以极强的谨慎态度对待教育管理工作。

(五)延续性

小学教育管理的延续性,是指小学阶段学校施加于受教育者的教育管理,不仅会影响受教育者的小学学习阶段,而且会长久地存续在受教育者的未来成长发展过程中,不断地、反复地影响受教育者相当长时间内的成长发展,甚至会伴随其一生。所以,从事小学教育管理必须具备较强的前瞻能力,努力做好小学教育管理的长期规划和短期安排,使最有利于受教育者长期健康发展的因素,在受教育者身上得以长期延续。

新课改指向培养学生终身学习的能力,是有着深刻的意义的。必须看到,知识的教育总是短暂的,知识总会老化,只有能力让人终生受用。所以,小学教育管理者必须摒弃急功近利的理念和做法,从对小学生终身健康发展负责的高度,认真规划德、智、体、美、劳各方面的教育影响,使小学生受益终生。

第二节　小学教育管理工作的重要性

一、小学教育管理工作的重要性分析

小学教育管理工作的重要性主要表现在以下三个方面。

(一)普及性

普及教育问题是一个世界性问题。在社会发展过程中,许多发展中国家把首先普及初等教育同时发展中等教育和高等教育作为主要任务;发达国家则主要普及中等教育,同时发展高等教育。近年来,一些发展较快的发展中国家的初等教育的普及问题已接近解决,正在向普及中等教育的方向发展。中华人民共和国成立以后,就非常重视普及初等教育的工作,中共中央、国务院曾几次发文要求尽快在全国范围内普及初等教育。《中华人民共和国义务教育法》的颁布,从法律上保证了我国普及初等义务教育、初级中等义务教育的实现。

作为初等教育的小学教育是义务教育的起点,因而要求其具有最大的普及性。小学教育的普及性主要表现在两个方面:第一,国家、社会、学校、家庭必须保证依照义务教育法的规定,凡适龄儿童和少年都能接受完九年义务教育,做到不让一个适龄儿童和少年不入学或中途退学,并且使他们每个人都能达到基本的教育要求;第二,要求教育工作者对所有的入学儿童负责、爱护、关心、教育每一个学生,平等、公正地对待每一个学生。

(二)基础性

我国的教育体系,一般分为初等教育、中等教育、高等教育三大阶段,每个阶段都有其独立的性质和任务。其中,小学和中学都是普通教育性质,并且小学教育是基础教育。小学教育是各级各类教育的基础。从个人来讲,它是一个人形成一定的思想品德、掌握科学文化知识的基础阶段,对每个公民个人的思想品德和科学文化素质起着决定性的作用。良好的小学教育是接受中等教育的基础。从国家来讲,只有小学教育普及和提高了,中等教育和高等教育才能顺利发展。小学教育在义务教育中的基础性地位是不容忽视的。在现代化的进程中,国家实施义务教育,这不仅是生产力发展的客观要求,而且是现代化社会对每个公民素质的基本要求,这表明,义务教育只能是基础教育而非专业教育,其内容应包括国家每一个社会成员必须具有的基础知识和基本技能,包括相应的价值观念和情感态度。小学教育的基础性地位决定了其在完成这一教育任务过程中的主导作用。

(三)强制性

享受义务教育不仅是受教育者的权利,也是社会各阶层、各方面和国家各部门共同承担的义务。为了保证义务教育的实施,必须依靠国家法律的强制力量,这就是义务教育的强制性。新中国成立以来,党和政府曾为小学教育的发展做过许多努力。1980年12月,中共中央、国务院还专门做出了《关于普及小学教育若干问题的解决》文件批示。义务教育的实施,使小学教育具有了强制性的特征。这不仅保障了少年儿童受教育的权利,更重要的是使我国小学教育的发展从此有了法律"护航"。

二、小学教育管理工作的现实意义

(一)小学教育管理工作是响应时代需要的必然

当今的时代是一个尊重个性、弘扬个性、体现个性的时代,也是一个期待个性化人才蜂拥蝶至的时代,教育无法拒绝这个时代的呼唤,理所应当注重创造性、个性化人才的培养。从世界史角度看,欧洲文艺复兴时期提出恢复人性,倡导个性解放;自由资本主义时代,马克思批判了人在社会中的"异化"现象。从教育史角度看,19世纪末20世纪初,在欧洲兴起的新教育运动,旨在把学生培养成为个性、能力、智慧、体力以及手工技巧等都充分发展的自主独立的人;20世纪上半期,盛行于美国的进步主义教育思潮,倡导儿童个性的自由发展和儿童解放;20世纪60年代,人本主义是西方又一种重要的教育思潮,阐发了一种以学生为中心,以发展学生的自我潜能和价值为目标的教育观。由此看出,人的问题再次凸显出来。我们知道尽管教育并非解决所有社会弊端的灵丹妙药,但教育却常是我们战胜挑战取得平等持续发展的有效途径。以培养个性为特点的个性化教育现实地摆在每一个教育者面前。以人为本是教育的主导思想,每个学生都具有独立的个性。珍视学生的独一无二和培养具有独特个性的人,应该成为我们对待学生的基本理念。

(二)小学教育管理工作满足培养创新人才的诉求

在新世纪,我们提倡和鼓励什么样的教育,是关系到中国人民能否走向民族伟大复兴的重大战略抉择。实现国家现代化是中国的百年梦想,国富民强,发展为要,但是发展离不开人才尤其是创新型人才。这从教育部颁发的一系列重要文件中可见一斑。

《国家中长期教育发展规划纲要(2010—2020年)》强调学生"全面发展与个性发展统一""关注学生不同特点和个性差异,发展每个学生的优势潜能",这说明了从国家层面开始关注学生的个性发展和优势潜能发展,这是素质教育的重要内容。

但就目前情况来说,创新型人才相对缺乏。因此,培养创新型人才的有效途径就是教育,培养创新型人才的最优选择便是依靠个性化教育。近年来,虽然围绕素质教育进行了一系列不同程度、不同方式的改革,但是传统教育观念仍然影响着我国教育领域的改革与进展,已经不能满足实现中华民族伟大的中国梦和走向复兴时期对创新型人才的渴求。因此,探索有效的管理策略是真正实施素质教育的立足点和突破口[①]。

(三)小学教育管理工作是扭转学校"忽视个性"的迫切选择

我们清楚认识到当今不少学校的工作已不能满足教育发展、社会发展、家长学生对教育的需求。现行教育培养出来的小学生千人一面、缺乏个性气质,而作为教育者,学校管理人员和教师大多被动地执行上级教育部门的要求,很少有创新的内容,再加上学校内对划一性的追逐也远远大于对差异性的肯定,不少人特别希望看到这样的情形:早晨学生到校,教室里传出琅琅读书声;课堂上教师提出问题后,不等学生深入思考就期待得到所谓的标准答案;课后布置作业不考虑学生掌握知识的情况,都是进行一样的练习;课间活动为了整齐有序,每个班级都在进行着一个类型的活动内容;教师培训扎堆进行,甚至不分年龄,不分学科;班主任不能正确对待个体差异,都以同样的标准要求每一个学生。因此,针对现行教育改革的实践,在小学教育管理中实施个性化教育成了最为迫切的需要。

(四)探索小学教育管理策略是学生个性发展的有效途径

美国著名教育心理学家加德纳的多元智能理论强调人的智能是多元的,在多元智能框架中相对独立存在着九种能力,这九种智能代表了每个人不同的潜能,这些潜能只有在适当的情境中才能充分被挖掘出来。这就要求在学校教育管理中,要因材施教、扬长避短,最大限度地开发学生的智力特长和强项,而这又恰是所倡导的为学生提供适合的教育、开发潜能和激发兴趣的教育。因此,对小学教育管理策略的研究能为促进学生个性发展、多元发展提供有效途径。

---

①孙雷. 小学教育管理[M]. 北京:现代出版社,2016:55-59.

第三节　小学教育管理工作的现状及改进措施

一、小学教育管理的现状及存在的主要问题

（一）小学教育管理者教育观念相对落后，缺乏先进的管理理念

理论是实践的先导，教育观念对教育管理具有引领和指导作用，在某种意义上说，有什么样的教育观念，就会有什么样的教育管理模式，因此，好的管理观念在教育管理工作中不可或缺。目前，教育改革正在不断推进，一些学校进行了教育管理方面的改革，但在大多数学校的教育体系中，教育管理的传统方式还没有发生根本性的改变。一方面，一些小学管理者还持有陈旧落后的教育观念，缺乏先进的教育观念和科学的管理理念，从而使得教育管理工作缺乏先进理念的指导，这必将对教育管理的改进和创新造成阻碍；另一方面，还存在着一些教育管理者以个人经验和既有制度作为学校管理的依据，对学生的管理方式单一陈旧、缺乏创新，不利于素质教育的开展和学生的全面发展。

（二）传统教育影响深重，管理趋向功利

学校管理目标是学校管理活动的风向标，它规定着学校发展的方向，引导着学校管理者的工作策略和管理方式的转变。在传统教育观念和教育体制的影响下，传统教育在学校每一个管理者和教学者的观念当中已经根深蒂固，并且教育功利化有愈演愈烈的倾向。传统教育实质上是一种以考试为目标导向的教育，是一种考试竞争教育，用考试结果代替教育价值，以考试训练代替教育教学，最终导致了教育功利化倾向日趋明显。教育管理功利化具体表现为对教师和学生的量化管理，用抽象的数字来考察教育的质量。目前对于教师的考核是通过具体可测量的量化指标进行，如升学率、学生总成绩排名、班级平均成绩等，这种量化指标虽然具有可操作性，但是对于提高教学质量并没有多大的帮助，还

很有可能适得其反。对教师成绩考核的量化恰恰是导致一线教师急功近利的直接原因,不但影响了教师工作的积极性、主动性和创造性,而且导致学生的片面发展,"功利教育"成为学生生命不可承受之重。我国著名教育家叶澜曾经指出:"教育决策中只强调教育的社会工具价值,忽视教育在培养个性、使个人的潜能得到尽可能发展方面的价值;总是要求教育出及时的、显性的功效,忽视或者轻视教育的长期效益。这种偏差已经给我们带来了严重的影响。"当前学生面临着过多过早的学习压力,出现了学生过早近视、身体素质不达标,缺乏学习兴趣、厌学情绪,精神压力过大,这无疑为社会各界和教育管理者敲响了警钟。

(三)管理主体单一,管理缺乏民主

兰军在《关于学校管理主体的思考》一文中指出:"在学校管理领域,学校管理主体是指构成学校管理活动,履行学校管理职能,体现学校管理本质的能动性主导因素。"传统观念认为,管理是一个单向过程,即从管理者到被管理者。人们认为管理的主体只有管理者才是,而被管理者只是被动的管理客体。决策、指挥只是管理者的事情,而被管理者是被排斥于管理之外的,只有执行决策的义务。

同样,在传统的教育教学管理中,教育教学管理者往往高高在上,充当了学生和教师的行为评判者的角色,管理方式也习惯于一种自上而下的命令式的行政管理模式,忽视了其他主体在教育管理中的地位以及对民主管理积极的促进作用。具体表现为:学校的全部事务由学校管理的领导者全权掌控、全权代理,而教师只是政策的执行者,在教学活动中几乎没有话语权。教师教学被限定在学校管理者制定的规则内,教师的自主创新的积极性和主动性受到限制,教学反思和教学研究能力得不到充分发扬,教学管理的意识淡薄,学校管理者和教师之间关系日渐疏远,教师民主意识、主体意识淡化。主要表现为:有的教职工在观念上缺乏参与学校管理的意识,根本不关心民主管理;有的教职工忙于教学评比、评职称,无暇顾及民主管理;有的教职工害怕自身利益受到侵害,不愿或不敢提出不同意见,人云亦云、随波逐流,客观上放弃了自己的民主管理权

利。参与学校管理相关主体缺失,是当前学校教育管理最突出的问题,从而导致了管理主体的单一化,管理缺乏民主。

（四）过于依赖制度管理,管理缺乏弹性,缺少对师生实质性的人文关怀

在当前小学教育管理实践中,存在着过分工具化的倾向。主要表现在以下几个方面:从小学教育的管理理念上,注重硬性的规范和制度,强调量化管理和刚性管理。在这种僵化的管理理念的支配之下,学校的管理者在观念上产生了偏差,认为如果缺乏严格的规章制度,学生就不会努力学习,教师也就不会安心工作。在刚性的管理制度要求之下,在具体的管理实践中,过分追求理性的范式管理,将理性管理表面化、形式化,从而漠视了以人为核心的人文管理模式,从而导致了小学教育管理在很大程度上演变为单纯的技术活动。

在传统教育的影响下,一些小学教育管理者把主要精力用在了考试技巧的研究上,长期忽略了学校文化建设。在国家的号召下,即便有些学校不得不开展文化建设,但还不能真正理解学校文化建设的真正内涵,以及对学校长远发展的意义,不懂得从何处着手构建学校文化。这种学校文化建设过于关注外人的评价与态度,而忽略了学校自己的发展历史、现状与未来,缺乏统摄整个学校能引起师生共鸣的核心理念与价值观。没有触及价值观层面的学校文化建设,并不是真正的学校文化建设。这种文化建设并不能实现学校教育环境和人文精神的根本性变革,无法达到用学校文化来引领学校发展的积极作用[①]。

在缺少文化建设和人文关怀的学校环境当中,教师承载着社会各界各方面要求和过多责任,也经受着望之生畏的压力。近年关于教师生存状况的各种调查资料表明,教师普遍面临着较大的心理压力,职业倦怠现象比较严重,对工作的成就感和满意度偏低。教师的职业压力在工作中不可避免地传递给学生,从而导致了学生学习负担过重,压力过大,从而导致了一系列问题的出现。

---

①杜艳芳.实践取向理念下的小学教育与管理[M].长春:吉林大学出版社,2016:19-31.

二、小学教育管理工作的改进措施

(一)更新教育管理者教育观念,建立现代学校制度

改善当前小学教育的管理,走出传统教育管理的误区,首先要做的就是转变教育管理者原有的教育管理理念。丛日红在《新课程改革下对小学教育管理的探究》一文中指出:"管理理念改变以及成功运用需要经历一定时期的发展和渗透,在时间的积淀下,教育管理团队的管理品位逐步提高,从而使教育管理更加符合现代教育发展的需要。"要将民主化、自主化的观念引入教育管理领域。可以通过对教育管理者和教师开展职业进修培训和继续教育等各种具体方式,学习和掌握先进的现代的管理观念,改善原有的教育理念,改变错误的教育观念。克服过去管理者与被管理者两相对立的观念,提倡在管理活动中将管理者与被管理者两者都作为主体看待,把被管理者作为管理过程的基本组成部分,使管理活动成为双向互动的过程。

民主化、自主化的教育管理是教育管理改革发展的必然趋势,建立现代学校制度是实现教育管理民主化、自主化的必要途径。所谓现代学校制度,是学校法人治理结构要素完备,学校办学理念、办学特色清晰,学校依法治校、民主管理和自主发展制度体系趋于完善的学校管理制度。小学教育应建立起科学完善的现代学校制度,从而实现学校的民主化、法制化、制度化的管理。建立现代学校制度,第一,要推进学校章程建设。学校章程要明确学校内部治理基本组织架构和运行机制,明确规定不同管理主体的职责、议事规则、管理制度、相互关系及学校自主管理权限、决策程序和监督机制等。学校需要完善学校各项规章制度,依法制定学校章程,充分落实依法治校的主体责任。第二,健全学校治理结构。要进一步健全中小学校长负责制,推进校务委员会建设,健全教职工代表大会制度和家长委员会制度。第三,要进一步完善学校民主管理和自主发展制度,建立学校与社会沟通协调机制,实现学校管理的多元主体参与和民主化管理;并且充分发挥学校自身办学的主动性,充分激发办学活力,形成学校办学特色。小学教育是培养学生的基础性教育,

它的管理必须采取以人为本的理念,即以教师和学生为主体,以尊重教师和学生为教学理念,使他们有教与学的积极性,使他们不断创新,积极授课与学习,这样才能全方位地提高小学教育管理水平。为了新教改的需要,引入了以人为本的理念,以人为本的理念应用在教学中,以教师和学生为主体,把教师和学生作为教学管理中的主导地位,这在教学中是非常必要的。摒弃了过去的旧观念,把教师和学生当作教学与教学管理中的主体和主导,充分发挥教师与学生的积极性、主动性,才能更好地搞好教学,也才能使学校的教学管理人性化,才能使学校的教学与管理走向健康的轨道,向着更好更快的方向发展。

(二)减少政府对学校的行政干预,充分落实学校办学自主权

《国家中长期教育改革和发展规划纲要(2010—2020年)》就明确提出:"落实和扩大学校办学自主权。政府及其部门要树立服务意识,改进管理方式,完善管理制度,减少和规范对学校的行政审批事项,依法保障学校充分行使办学自主权。"《全面推进依法治校实施纲要》也明确提出:"要切实转变管理学校的方式、手段,从具体的行政管理转向依法监管、提供服务;切实落实和尊重学校办学自主权,减少过多、过细的直接管理活动。需要列出政府给学校放权、分权、授权的细目和清单。需要切实扩大学校在办学模式、育人方式、资源配置、人事管理、合作办学、服务社区等方面的自主权。"

减少政府对学校的行政干预,全面推进落实学校办学自主权最重要的转变就是实现学校管理"从他治到自治,从依附到自主"。学校自治是指要构建新型的政府与学校之间的关系,就要进一步减少政府对学校不必要的行政干预和审批事项,实现政府的简政放权;进一步推进政校分开、管办分离,从而使学校真正成为独立的办学主体,充分行使自身的办学自主权,能够自主管理、自主办学。从而真正实现学校的自主和自治,政府和学校的职能边界将更加清晰,学校的自主办学的积极性、创新性将会更高,办学活力将得到激发,办学特色将更加明显,教育同质化的问题将得到较好解决。

（三）重新设置教育评价标准，实施多元评价方式

教育评价是指评价者根据一定社会确定的教育目标和价值标准，对教育活动满足社会与受教育者需要的程度做出判断的活动。教育评价所依据的目的和标准对于整个教育过程都具有导向作用，它决定了教育评价的方式以及结果。我国提倡的素质教育，是以促进学生身心全面发展为目的、以全面提高学生的思想道德水平、科学文化水平、劳动技术水平和身体心理素质水平为宗旨的基础教育。学校应切实树立科学的育人观和人的全面发展管理观，从而实现传统教育向素质教育的转变。教育评价也应以素质教育为导向，以学生的全面发展为目标。我们对教师和学生的评价要把过程性评价与终结性评价结合起来，既要注重考查教育实践的过程质量，又要考查学生对知识掌握和能力提高的实际效果。

美国哈佛大学著名心理学家霍华德·加德纳提出了多元智能理论，并在此基础上提出了多元评价理论。多元教育评价是以促进学生创新素质发展为评价价值取向，以关注学生的个性和全面素质的发展为主要特征的新型的现代教育评价方式。多元评价以人的全面发展为根本出发点和落脚点，尤其是以发展人的多元智能和创新素质为根本。在评价的目的和方向上，多元评价关注的焦点在于促进被评价者的未来的多元发展；在评价主体的选择上，多元评价主张有更多的主体参与评价，特别强调被评价者成为评价主体；在评价内容上，多元评价更加注重评价内容的多元化，不仅包括认知、情感、技能，还关注学习的经历、经验和方法，而且更加重视对过程的评价，不仅有诊断性评价、形成性评价、终结性评价，还强调过程中的发展性评价和反思性评价；在对待共性和个性的态度上，更加强调个性和差异性；在评价方式上强调评价操作的真实性和情景性，评价的结果呈现多元化。多元评价既是改革现行教师、学生评价制度的需要，也是促进教师专业发展、培养学生创造性的需要，是全面推进素质教育的有效保障。评价是联系教师与学生思维、情感的重要环节。伴随着新课标的实施，多重性的评价将更有利于学生学习信息的多方位、多角度的交流，有利于培养学生自我评价和评价他人的能力，有利于学生的主体地位，有利于因材施教，充分调动不同层次学生学好

知识的积极性,使学生体验成功,建立自信,促进学生全面发展。

(四)多元主体参与,实现学校共治

《中华人民共和国教育法》第三十一条明确规定:"学校及其他教育机构应当按照国家有关规定,通过以教师为主体的教职工代表大会等组织形式,保障教职工参与民主管理和监督。"《中华人民共和国教师法》第七条规定:"教师享有对学校教育教学、管理工作和教育行政部门的工作提出意见和建议,通过教职工代表大会或者其他形式,参与学校的民主管理的权利。"这些规定在法律上奠定了教职员工参与学校民主管理的基础。但在实际的教学实践中,教职工参与学校管理的民主管理权利并没有得到有效保障,在很大程度上民主管理权利还停留在纸面上。造成以上局面的原因主要有两个方面:一方面,由于政策缺乏具体实施的配套程序和实施细则;另一方面,教育管理者和学校管理者对教职工参与管理的认识不够,缺乏足够的重视。

小学的教育管理必须树立多元化的主体管理观,实行全员参与的民主管理。所谓民主化的教育管理,就是把现代小学教育管理建设成为一个开放的科学的管理系统,将对被管理者的责任落到实处,做到权责统一。首先从观念上要充分认识到学校的管理并非仅仅是校长一人之事,而是应该包含多元的管理主体。学校的管理者既应该包括学校的组织者、领导者或主管人员,又应该包括教职员工以及家长和学生。如果没有教师群体的辛勤劳作,爱岗敬业,教学工作就无法顺利开展;如果学生群体认为学校里的种种规章制度不合理,不愿意遵守,那么学校的管理制度便成为一纸空文。学校实行民主化的管理,需要不断强化"以人为本"的管理理念,不断增强"以人为本"管理意识,让每一个学校成员都自觉参与到学校管理中来。

学校共治是学校、教师、学生、家长、社区、社会组织等主体,对于学校从政府那里所获得的自治权利的共有、共享、共管。实现学校共治的具体措施有以下几个方面:

第一,要建立多元主体参与的民主决策机制。学校的任何重要决策

都需要多方主体参与,共同对决策的科学性进行把关。尤其是涉及对学校发展有重要影响的决策事项,包括学校发展规划、学校基本建设,以及重大教育教学改革等重要事项,应当进行建立意见征求机制,邀请专家咨询、听取教师意见、征求家长和学生的意见,并对决策的合法性、合理性、可行性和可控性进行风险评估,从而增强决策的科学性。

第二,要推进多元主体参与学校管理。一方面,要推进教职员工和学生共同参与学校治理。要充分发挥学校教职工代表大会的作用,对于涉及学校发展的重大事项和教职工切身利益相关的制度和事务,要提交教职工代表大会讨论,要经教职工代表大会审议通过。并且要进一步保障教职工对学校管理的领导者的评议权、考核权,并进一步拓宽渠道,保障学生参与学校民主管理的权利。另一方面,要推进家长参与治理。逐步建立健全家长委员会制度,保障家长对学校和教师的教育、教学、管理活动实施监督的权利,有充分的表达渠道。学校应当定期与家长委员会成员进行沟通,听取意见。对于直接涉及学生个体利益的制度,应由学校或者教师提出建议和选择方案,并做出相应说明,提交家长委员会讨论,由家长自主选择、做出决定。

第三,实现学校共治必须建立相应的规章制度来对多元主体管理加以规范,必须要理清学校不同的管理主体、管理事务以及管理环节之间的关系,明确界定不同管理主体对于哪些管理事务、在哪些管理环节上,具有的相应的权利、权力、义务和职责。因此,共治的前提是法治,法治才是共治的基础。

教育治理背后的深层次问题是利益表达、利益协调问题。教育是一个利益场,教育不仅涉及学生、家庭、国家的当前利益,也涉及学生、家庭、国家的共同长远利益和根本利益。教育有数量众多的、形形色色的利益相关者。与我国的社会转型同步,教育需求多样化和教育利益多元化的发展趋势也日益显现,群众对于优质教育和公平教育的需求也越来越高。在教育管理中,利益相关者参与不够或者没有参与,是当前的一个突出问题。

教育治理的本质是民主管理,利益诉求的充分表达与有效整合是民主管理的精髓。利益相关者有强烈的利益诉求和参与热情,他们的充分参与有利于解决信息不对称问题,有利于形成"激励相容"的共识性决策,有利于决策的理性化和科学化。了解公众的需求最有效的方式就是让其参与决策和管理过程。公众很清楚自己需要什么,他们参与了的决策才更有针对性,才能更好地解决问题。政府只有采取更多的渠道与公众进行更多地互动,政务公开,广泛听取民意,各种决策才会更加合理。这就要求公众参与政策过程的方式、方法的多元化、便捷性、公正性和公开性,这样才有可能真正做到公共政策制定时的各种利益的协调和综合。

因此,教育治理的一个基本要求是:利益相关者必须成为教育治理的主体。教育治理是一种重要的以利益表达、协商和保障为重点的利益调整机制,它改变了传统封闭单向维度的利益表达机制,致力于建设多方利益主体或组织共同参与的利益表达平台和决策参与渠道。现实中,一些政府机构及其工作人员不了解实际,只凭为民服务的善意而一厢情愿地"为民做主",导致好心办错事,此种情况屡有发生。对此,利益相关者参与是解决这类官僚主义问题的良方。不同的治理事项和决策层级决定着利益相关者的范围。例如,国家层面制定的关于教育结构调整的政策,地方教育行政部门就属于利益相关者;各级教育行政部门关于教师人事管理的政策,学校和教师就是利益相关者;学校内部关于学生管理的决策,学校、教师、学生和家长都可以成为利益相关者;在学校专业设置以及毕业生就业问题上,学生、家长、学校以及作为用人单位的国家机关、企事业单位等都是利益相关者。因此,利益相关者的范围是一个动态框架。利益相关者参与到教育治理中来,反映出教育治理所具有的弹性和韧性,以及教育治理对于民情民意的良好回应。

需要注意的是,利益相关者在教育治理中的地位并不一样,教育治理要特别关注众多利益相关者中弱势群体的利益表达与利益保护。我国教育治理面临的首要难题就是如何促进教育公平,缩小城乡间、区域间、校际的教育质量差距和教育投入差距。从管理和治理的角度看,在城乡间、区域间、校际的教育差距背后,存在着话语权和决策权的巨大差距,农村地区、落后地区、薄弱学校、弱势群体的话语权明显不够甚至缺失,是导致教育不公现象持久存在的重要原因之一。教育不公背后隐藏着社会不公正,这就使教育中弱势群体的声音容易被遮蔽、被掩盖、被忽视,因此需要建立健全弱势群体有效参与、深度参与教育治理的体制机制。在各级各类教育中,要重点保护弱势群体的合法权益。就中小学而言,在学校与教师的关系上,教师是弱势群体;在学校与学生、教师与学生的关系上,学生是弱势群体;在学校与家长、教师与家长的关系上,家长是弱势群体。

因此,为有效保护师生、家长的权益,需要建立健全师生、家长参与学校治理的制度。要健全校内的集体决策规则,推进决策的科学化、民主化、法治化,凡是有关学校发展方向、基本建设、重大教育教学改革和师生切身利益的事项,要充分听取利益相关者的意见。需要扩大教职工对学校领导和管理部门的评议权、考核权。学校应制定有关学生管理或涉及学生利益的管理规定,要充分征求学生意见。还要积极探索师生代表参与学校决策机构的机制,完善中小学家长委员会制度,通过班级和学校两级家长委员会,使家长参与学校管理、监督学校管理,促进家校合作。

利益相关者在教育治理中的作用不可替代、不可缺失。利益相关者不仅是自身利益的表达者、多种利益的协商者、多种利益的整合者(寻求共识,找到多种利益的最大公约数),更是自身利益和共识利益的维护者。在教育治理中,利益相关者通过直接参与决策来监督权力运作与政策实施,以维护自身利益和共识性利益。多元主体参与既体现了民主精神,因为它以制度化的方式征询了"民意",也体现了科学和理性精神,因为它以制度化的方式集中了"民智"。因此,教育治理中的多元主体参与是教育管理民主化与科学化的内在统一,体现了教育管理现代化的本质要求。

(五)构建人文主义学校文化,实现刚、柔管理的完美结合

学校文化体现了办学特色、师生素质和教育思想,是学校综合办学水平的重要体现,也是学校可持续发展的动力,更是学校培养适应时代所需人才的内在需要。学校文化渗透于整个教育、教学与学校生活之

中,有什么样的学校文化,就有什么样的教育管理者、教师以及学生。以人为本的文化管理,是把管理作为一个文化过程,用人文的方式和机制进行管理。要以人本主义教育理论为指导,构建"以人为本"的学校文化,营造良好的文化氛围。在构建"以人为本"的学校文化时,应该从以下几个方面着手。

第一,学校应以人本主义思想为指导,关注教师和学生的精神生活,给予他们更多的人文关怀。所谓人文关怀,就是对人的生存状况的关怀,对人的尊严与符合人性的生活条件的肯定,对人的全面发展的追求。简而言之,人文关怀就是关心、爱护、尊重、帮助人。学校要立足实际建设"以人为本"文化,使被管理者得到精神上的尊重,需要的合理满足,才能够使管理者和被管理者在情感上达到互动,在工作上形成默契、合作与服从。教育管理者还要在生活中关心教师的困苦,想教师之所想,急教师之所急,及时对其进行必要的帮助,帮助教师解决生活中的困难,才能够让其集中精力投入到教学中。

第二,要充分尊重教师及他们的工作,充分发挥他们工作的积极性、主动性和创造性。教师作为"传道、授业、解惑者",具较强的自主倾向性和自觉能动性,因此,应当给教师在教育教学过程中更大的自由发挥的空间,最大程度上发挥他们的潜能。教育管理者要真正深入到教师当中,去倾听他们的想法,了解他们的意见,让教师有发表见解和想法的机会,努力为教师创造一个想说、能说、有机会说的环境。在当今竞争日趋激烈的学习工作环境中,学生的心理问题已引起了社会的高度重视,可是教师的心理问题却往往被人忽视。不轻易否定教师的想法,让他们在说的过程中形成新的思考和工作方式及情感态度,为共同追求的理想及目标担起责任。在学生自主管理方面,教师要努力指导学生培养自主意识和自主能力,成为学习的主人,从而使其在学习中形成广泛的兴趣,发挥其主观能动性,激发内在潜能。

第三,学校要立足实际,制定符合本校教师和学生发展的制度和具体措施。学校在制定各项规章制度时,需要遵循教育的规律,在强调制度规范化的同时,也应当看到教育教学的特殊性,要给教师提供一种相对宽松的环境,而不是硬性规定各种指标让教师完成。在学校制度化管理的基础上,增加柔性管理、人本管理或者情感管理。

教师的职责是教书育人,育人的内容又包括了育德、育心。心理健康是教师素质的核心要素,也是教师整体素质提高和教育教学质量提高的基础与保障。教师拥有年轻健康的心态,对学生的心理品质形成和心理健康的发展影响非同小可。很难想象一个心理不健康的教师会教出心理健康的学生。教师心理健康是当好一名教师的关键,这就对教师提出了更高的要求。

要对学生进行心理健康教育,首先要提高教师的心理素质。现代化生活日益紧张和繁忙,给人们带来许多心理压力,面对激烈的升学竞争及来自社会各方面有形无形的压力,使一些教师产生心理冲突和压抑感。教师不健康的心理状态,必然导致不适当的教育行为,对学生产生不良影响。教师的职业特征要求教师要有极强的自我调节情绪的能力。教师要用科学知识调整自己心态,使自己始终处于积极乐观,平和稳定健康的状态,以旺盛的精力、丰富的情感、健康的情绪投入教育教学工作中去。

学校管理过程是由静态有序、自我封闭、等级严密转变为动态平衡、开放互动、团队合作的过程,校长要给予教师充分的信任,重视他们的参与意识和创造意识,使教师的才能得到充分发挥,在校园内营造宽松、融洽、和谐、谦让、平等、尊重的工作环境和工作氛围,使学校人力资源有机整合。教师的工作很大程度上是"良心活",投入还是不投入,多投入还是少投入,很难用制度规范来衡量。作为校长就要善于营造互相平等、互相尊重、团结和谐的工作氛围和环境,尊重教师的人格,尊重教师的工作,尊重教师的需要,使校长的办学意图、办学目标内化为教师教育教学的自觉行动,学校的凝聚力和向心力,这样教师对学校的归属感就会不断增强。

第四,学校应根据具体情况进一步健全完善一套规范、实用、有效的"以人为本"的管理制度。把素质教育的思想具体细化到办学目标、队伍建设、德育管理、课堂教学管理等各个环节之中,使学校的管理做到既有章可循、有规可依，又具灵活性，充满人文关怀，以达到最大限度提高学校管理水平和工作效率之目的。

第二章　小学教育管理的教学管理工作

第一节　小学教学管理概述

　　教学是落实国家教育方针、实现学生全面发展的基本途径,是学校教育工作的中心环节。教学管理工作是学校全部管理工作的中心。教学管理的状况直接影响学校教学工作质量和学生学习质量。研究和探索学校教学管理工作的规律,做好教学管理工作,对任何学校的长期发展都具有重要的意义。

一、小学教学管理的概念

　　小学教学是小学教师在学校的特定环境中,有目的、有计划、有组织、有系统地向小学生传授基本的科学文化知识和技能,发展小学生的智力和体力,培养小学生的整体素质的教育活动过程。教学是一个复杂的过程,涉及教学的计划、内容、方法,以及教师、学生、学校环境和设施等诸多因素。开展教学活动,要处理好理论与实际、掌握知识与发展智力、传授知识与思想品德教育及保证学生身体健康等关系。因此,要提高教学质量,就必须充分发挥各因素的作用,并处理好教学任务中的各项关系,加强教学管理。

　　小学教学管理,就是按照教学的规律对教学工作全过程实行科学管理。即小学管理者遵循教学规律,行使管理职能,对教学各因素进行合理组合,使教学活动有序、高效地运转,完成国家教学计划和课程标准规定的教育任务,以实现预定教育目标的管理活动。

二、小学教学管理的意义

(一)教学工作本身的重要性要求做好教学管理工作

教学是学校教育的基本途径,学校教育目的的贯彻落实和各种教育任务的完成主要是通过教学途径来实现。教学的知识容量大,计划性、系统性强,活动的效果明显,对学生的全面发展和个性的培养发挥着突出的作用。教学工作是学校的中心工作,是教育质量形成的基本途径。小学管理者应该用主要的时间和精力来管理教学工作。一所学校教学管理的状况,代表着学校管理工作的整体水平。

(二)教学工作的复杂性要求对其实施有效的管理

教学工作的复杂性表现在:第一,教学工作是多因素综合作用的复杂过程,既包含着教师和学生的教与学的活动,也包含着教材、教学设备及教学环境等因素的作用。要想使教学工作取得较高的质量,必须协调好这些因素的关系。第二,教学工作又是多系列的活动过程,在一定的教学周期,要开设各种不同的学科课程,还要开展各种不同的教学活动,这些都要求小学管理者对教学工作实施有效管理。

三、小学教学管理的任务

(一)坚持和引领正确的教育思想

教学应该坚持正确的教育思想,这是教学管理的首要任务。学校的教学工作总是在一定的教育思想指导下开展的,教学思想正确与否关系到教学工作的方向和人才培养的质量。小学教学管理者必须做到自身头脑清醒,方向明确,这是做好教学管理工作的前提。同时,还要帮助、教育全体教职员工,树立正确的教育思想。

(二)正确处理教学中的各种关系

1.正确处理教与学的关系

教学活动是教师的教与学生的学组成的双边活动,教学管理工作必须同时抓好这两个方面的管理,使教与学双方形成最佳的组合状态。在充分发挥教师教学主导作用的同时,充分发挥学生在学习上的主体作用,激发学生学习的自觉性和积极性,使教学双方有机结合,互相促进,从而提高教学质量[①]。

2.正确处理理论与实际的关系

学生在教师指引下,通过学习教材获得系统化的理论知识,这些知识对学生而言,是抽象的、间接的知识,必须通过与实际的联系,学生才能理解、消化以至运用这些知识。所以,教学管理的任务,除了引导教师教好、学生学好书本知识外,还必须创造条件,通过观察、实验、实习、调查及社会实践活动等,让学生接触实际,从而更好地理解、运用所学的知识。

3.正确处理掌握知识与发展能力的关系

掌握知识是发展能力的基础,而学生能力的发展又有利于进一步学习和掌握知识。在教学管理中,学校管理者应指导教师不仅重视知识的传授,更应注意培养和发展小学生的各种能力。

(三)做好教学管理过程诸阶段的工作

教学管理是一个严密的过程,包括教学工作的计划制订、教学工作的组织、教学工作的检查、教学工作的总结等诸环节。教学管理的起点是教学计划的制订。为了实施教学计划,必须做好教学的组织工作,还要深入教学工作的全过程中,及时了解教学工作的情况,检查教学工作质量,进行具体指导,认真总结教学工作的经验。从事教学管理,必须做好各环节的管理工作,才能获得最终的管理质量。

(四)开展教学研究,促进教学改革

教学研究是提高教师素养,提高教学水平,改进教学工作的重要途径。小学管理者应从教师工作的实际出发,以教育科学理论为指导,根据各科教学工作的特点,有计划、有步骤地组织教师探索教学规律,促进教学改革。

[①]吕天.小学教育理念与教学管理[M].延吉:延边大学出版社,2019:79-85.

（五）建立和健全教学管理组织系统

1.建立和健全有效的教学指挥系统

教学指挥系统是教学管理的决策系统，为了保证其有效运转，需要符合以下条件：第一，有正确的教学指导思想，明确教学工作的目标和标准。第二，能够及时、灵敏、准确、全面地掌握教学工作的情况。第三，能够正确、及时地做出教学决策，提出教学工作指导意见。第四，能经常及时获得指挥效果的反馈信息，能够对指挥效果做出准确判断，不断调整、改进教学管理工作。

2.加强教导处的建设

教导处是教学管理的职能系统，其主要任务是协助校长计划、组织、检查、指导教学工作，协调各年级、各学科的各种教学活动，贯彻实施学校各项有关教学的制度、规则、决定和要求，处理日常教务行政事宜。教导处的负责人是教导主任。

小学教导主任的工作职责主要包括：协助校长制订并实施学校教育教学工作的计划，对教学工作进行检查总结；组织教师开展教学工作；组织管理学生的思想政治教育工作。教导处其他人员的配备，应遵循精干的原则，并注意人员结构的合理性。

3.重视教研组工作的管理

教研组的主要任务，是组织教师开展教学研究，总结、交流教学经验，提高教师教育教学的思想水平、业务水平和教学工作能力，改进教学工作，提高教学质量。

要抓好教研组管理，先要建立和健全教研组。对实施分科教学的小学，同一学科教师在3人以上，即可成立学科教研组，不足3人者，可将学科性质相近的教师组织起来，成立多科性的教研组。实施包班制的小学，可以将同一年级的主科教师组成教研组，副科教师可由相近学科组成多学科教研组。教研组成立后要制定相应的规章制度，定期开展多种形式的教研活动。教研组长的素质，关系到教研组活动的效果和质量，所以，要重视教研组长的选拔。

第二节 小学课程管理

小学课程管理包括广义和狭义两种含义。广义的小学课程管理,是指教育行政部门和学校两方面开展的课程编制、实施、评价等一系列工作活动。狭义的小学课程管理,则是指学校教学管理者对学校内部课程系统开展的调节、控制的活动过程。

一、小学课程管理的意义

(一)课程管理直接决定课程实施效果

课程实施是把课程计划付诸实践的过程,是达到预期的课程目标的基本途径。从这个意义上讲,教育行政部门和学校只有认真考察课程实施的各种条件,有计划、有组织地协调人、物与课程的关系,提高课程管理的水平,科学指挥课程实施,才能达到预定目标。因此,课程管理是课程实施成败的关键,只有做好课程管理工作,才能有课程实施的良好效果。

(二)课程管理可以提升教师专业水平

教师参与课程决策、实施与管理,是教师专业提升的一个重要载体和平台,是提升教师专业化水平的重要途径之一。一方面,实施课程管理,就要对原有的课程进行改革,课程改革要求教师系统考虑影响课程实施的各种现实因素,对自己的思维方式、个人习惯、教学方式等进行一系列的调整,实现课程的再创造,例如,对课程时间的微调,对课程内容进程的改变等。这一调整、创造的过程,对教师而言,就是变革教学的过程。教师的专业化水平也正是在这种变革过程中,逐步得以生成和提升的。另一方面,课程管理体制和状况,决定着教师参与课程发展与管理的程度,也会影响教师专业化发展。集中统一、机械的课程管理体制必定束缚、阻碍教师参与课程变革的空间,限制教师对课程变革与实施的积极性、创造性,一定程度上使教师丧失了专业成长的机会。加强学校课程管理,促进教师参与到课程变革的专业实践之中,可以激发教师参与课程发展的积极性和创造性,丰富教师的专业知识和技能,提升教师的反思与研究能力,增进专业自信力,推进教师专业化水平的提升。

(三)课程管理可以增强课程适应程度

义务教育课程包括国家课程、地方课程和校本课程三类。以国家课程为主体,奠定共同基础;以地方课程和校本课程为拓展补充,兼顾差异。国家课程由国务院教育行政部门统一组织开发、设置。所有学生必须按规定修习。地方课程由省级教育行政部门统筹规划,确定开发主体。充分利用地方特色教育资源,注重用好中华优秀传统文化资源和红色资源,强化实践性、体验性、选择性,促进学生认识家乡,涵养家国情怀,铸牢中华民族共同体意识。校本课程由学校组织开发,立足学校办学传统和目标,发挥特色教育教学资源优势,以多种课程形态服务学生个性化学习需求。校本课程原则上由学生自主选择。新课改明确了国家、地方、学校在基础教育课程管理中的职责分工,使课程设置既能满足教育目的和内容的共性要求,又可以更好地发挥各地的优势资源,满足不同地方的个性化需求。

(四)课程管理可以提高课程理论研究水平

我国对现代课程的理论研究起步较晚,改革开放以后,我国介绍了西方的大量课程理论,但在课程理论本土化研究方面还比较薄弱。学校是课程实施的主要场所,通过学校课程管理,加强对课程编制、实施和评价等的理论研究,不仅有助于学校的课程改革,也有助于提高课程理论研究的本土化水平。

二、小学课程管理的实施

(一)国家对基础教育课程的管理

国家对课程的管理主要有以下四个方面。

1.总体规划基础教育课程

国家从基础教育是社会发展的全局性、先导性工程的高度出发,充分考虑满足学生终身发展的实际需要,对基础教育课程进行整体规划,努力建立新的基础教育课程体系框架,引领全国基础教育课程改革的基本走向。

2.制定课程管理的各项政策

国家从宏观管理的角度,制定与课程改革相关的大政方针。就目前正在开展的基础教育课程改革而言,最主要、最上位的纲领性文件就是《基础教育课程改革纲要(试行)》,它明确了课程改革的指导思想,拟定了课程功能、课程结构、课程内容、课程实施、课程评价、课程发展六个课程改革的目标。在其统领之下,已经出台和将要出台一系列的课程政策文件,包括《地方课程管理指南》《学校课程管理指南》《综合实践活动课程开发指南和加强以校为本的教研制度建设的指导意见》等等。教育部为贯彻落实党的十八大、十九大精神,落实全国教育大会部署,全面落实立德树人根本任务,进一步深化课程改革,2022年3月教育部将新修订的义务教育课程方案和语文等16个课程标准进行了颁布,即《义务教育课程方案和课程标准(2022年版)》,并于2022年秋季学期开始执行。这些政策文件明确了课程改革的整体框架,分门别类地对课程改革的方方面面进行指导,保障了课程改革实践的有效推进。

3.制定基础教育课程标准

课程标准体现着国家对基础教育课程的基本规范和质量要求,体现着国家对公民素质的基本要求,是绝大多数学生经过努力都应该达到的目标。课程标准是对学生发展的最低要求,目的在于明确学生培养的质量,保证教师的教学水平。国家通过制定课程标准来引导和控制培养目标的达成、教学质量水平的提高。课程标准对教材、教学和评价具有重要的指导意义,是教材编写、教学实施和教学评价的基本依据[1]。

4.积极试行新的课程评价制度

课程评价是课程管理的重要手段,对课程管理起着导向和监控的作用。从某种意义上说,有什么样的评价制度就会形成什么样的课程理念,产生什么样的课程行为,所以,课程评价是课程改革成败的关键影响因

①张冬倩.小学教育与管理研究[M].北京:现代出版社,2020:47-50.

素。国家应调动各方面力量努力研究、构建新的课程评价体系,带动地方和学校形成新的课程评价观念和意识。

(二)地方对基础教育课程的管理

地方对课程的管理主要有以下三个方面。

1.贯彻国家课程政策,制订课程实施计划

省一级(省、自治区、直辖市)教育行政部门应根据国家的课程计划和课程管理政策,在贯彻《基础教育课程改革纲要(试行)》和《义务教育课程方案和课程标准(2022年版)》精神的基础上,结合本地的政治、经济、文化和教育发展的实际情况,从满足学生多样化发展需求的角度,制订本地区适用的课程实施计划。地(市)、县(市、区)教育行政部门则根据省级课程实施计划,制订适合本地区的课程实施方案。

2.组织课程的实施与评价

地方各级教育行政部门要积极创造条件,认真组织,全面落实课程实施计划,引导学校和教师切实转变课程实施的观念,规范课程实施的行为。加强监督与指导,确保学校按规定开设国家课程。地方课程和校本课程的实施要注重实践性、综合性和多样性,组织开展不同形式的活动,让学生在丰富的感受、体验和操作中,形成实践能力、创造能力和生动活泼的个性。地方要根据《义务教育课程方案和课程标准(2022年版)》,制定本地课程评价的指导性意见,对国家课程、地方课程和校本课程的实施、开发和质量进行评价,并对学生评价、教师评价和学校评价等提出具体要求和办法;要建立和完善课程评价的检查、反馈、指导及奖惩机制,全面、客观地了解本地区课程评价的状况,分析存在的问题,提出改进的意见和建议,使课程评价制度化、规范化、科学化。

3.加强课程资源的开发和管理

各地要建立课程资源开发中心,做好社会资源、自然资源和信息资源等课程资源的开发工作,改变以教材为唯一资源的现象,建立以书籍、实物、影像、软件、网络等为载体的课程资源开发系统,充分发挥课程资源中心的作用,指导学校选用、优化和整合适合本校的课程资源,促进课

程资源的共享。

(三)学校对课程的管理

学校是课程实施的场所,课程改革的目标与要求最终都要在学校这一层面得以体现。学校对课程的管理主要有以下四个方面。

1.制订课程实施方案

学校要根据《义务教育课程方案和课程标准(2022年版)》和上级教育行政部门制定的课程设置方案与课时要求及相关政策文件,对学校的课程做出整体的规划和安排。主要包括制订学年、学期课程实施计划,包括各年级的课程门类、课时分配情况、课程表、作息时间表、课程的实施要求与评价建议等。

2.创新教学管理制度

学校教学管理制度对教学工作起着重要的导向和制约作用,直接影响教师课堂教学的全部活动。教师备课、作业布置、考试命题、教研活动、教学检查与评估等,应以教学管理制度为标尺。教学模式、教学方式能否变化,从某种程度上说,取决于学校的教学管理制度能否创新。所以,学校要做好课程管理工作,必须对教学管理制度进行改革,使之有利于教学工作的改革创新,并取得实效。

3.管理和开发课程资源

学校要采取各种措施,通过多种途径,帮助教师积极选择、优化、利用和开发校内外各类课程资源,建立多渠道、多样化的课程资源系统和课程资源库,为教师的课程开发提供条件,为教师创造性地实施课程搭建平台。要帮助教师形成强烈的课程资源开发与利用的意识,培养教师的课程资源开发能力,使教师能够从生活实际中发现有益的课程资源,作为个性化课程实施的基础。

4.改进课程评价

学校课程评价要突破传统的评价模式,注重检测学生在知识与技能、过程与方法、情感态度与价值观三个维度的整体发展水平,注重学生的体验和经历,强调学生创新精神和实践能力的形成和表现。要努力进行评价方法的改革,改变将考试作为唯一的课程评价手段和过分注重分数、等级的做法,采用开放的评价方式,运用行为观察、情境测验、学生成长记录等多种方法,对学生发展的过程和结果进行综合评价。改变以学生的考试成绩作为主要甚至是唯一标准评比和奖励教师的做法,对教师的职业道德、课程开发和实施能力、教学研究能力等方面进行全方位的评价;在严格规范的基础上,鼓励教师积极进行各种适合于学生发展的课程改革与创新。

三、小学校本课程的建设

校本课程是指以学校为基础,基于学校的实际状况,旨在满足本校学生学习需求的,由学校自主设计开发的课程。在我国,它特指在国家基础教育课程计划中预留出来的,允许学校自主设计的,在整个课程计划中占10%—25%的课程。校本课程体现一所学校的办学理念、办学特色和课程资源。开展小学校本课程建设,需要做好以下几方面的工作。

(一)建立领导机构

由校长、教师、课程专家、家长共同组成课程开发委员会,校长任委员会主任,为校本课程开发提供组织保障。课程开发委员会的职能是对校本课程开发进行咨询、把关、审查和提供帮助。

(二)进行前期论证

校本课程开发是一项严肃的工作,为保证开发的效果,必须做好前期论证工作。论证主要从两个方面进行:第一,将开发的目的、意义、项目报课程开发委员会,并经委员会讨论认定;第二,将开发的课程拿到学生中去征求意见,以了解所开设的课程学生是否喜欢,是否需要。

(三)进行师资培训

师资培训是校本课程开发的前提,培训的内容包括:第一,对教师进行课程理论的培训,让教师初步掌握课程的一些基本原理,明确课程目标、课程内容、课程实施、课程常识、课程探究等基本理论,为课程开发提供理论依据;第二,对教师进行专业知识培训,不断拓宽其知识面,重新构建教师的知识结构,为课程的开发提供知识和智力上的支持。

(四)确定题目,收集资料

校本课程的开发需要明确主题、范围与领域。主题的确立要充分考虑学生的内在需要。检验任何课程是否成功的首要标准是学生的需要。为了使开发的课程能够符合学生的需要,开发者应该在学生中开展广泛的调查,了解学生感兴趣的领域和知识。校本课程的开发必须有相应的资料、信息为支撑,所以,在课程主题确立之后,要通过各种途径,运用各种方式,收集、整理、分析资料。

(五)撰写(课程纲要)

课程纲要一般包括下述内容。

1. 一般项目

包括主讲教师、教学材料、课程类型、授课时间和授课对象等内容。

2. 具体内容

第一,课程目标的陈述。必须全面、恰当、清晰地阐述课程涉及的目标与学习水平。

第二,课程内容或活动安排。要求突出重点,列出课程内容、活动安排。

第三,课程实施。包括教学方法、组织形式、课时安排、场地、设备、班级规模等。

第四,课程评价。主要是对学生学业成绩的评定,涉及评定方式、记分方式、成绩来源等。

(六)综合分析,分成类别

校本课程开发者申报的课题经课程开发委员会审定后,学校要对这些课程进行综合分析并分类,逐步形成稳定的课程类别。其中,大的类别相对稳定,每个类别中的具体课程可根据形势和学生的需求进行调整变动。

（七）教师开题，学生选择

校本课程的开设要改变传统的教育思想和教育观念，开发者开设的课程能否正式走向课堂，首先要进行开题，让广大学生来选择。校本课程的开题要每学期举行一次。开设校本课程的教师向全体学生介绍所开设课程的主要内容、目的、授课方式等，让学生根据教师的介绍自主选择。教师开题后，学校要把所有开课教师的课程"挂牌"，学生"摘牌"，如果选择课程的学生人数不足10人，这门课程自然取消。

学生参与校本课程的选择，既体现以学生为本、尊重学生主体地位的先进教育理念，又给教师增加了开课的压力，促使教师认真学习，认真开发校本课程，不断提高校本课程开发、实施的质量。

（八）校本课程的评价

1. 对课程开发实施者的评价

主要应从以下几方面进行评价：一是选课学生的人数；二是学生实际接受的效果；三是领导与教师听课后的评价；四是学生问卷调查的结果；五是教师采取的授课方式及运用现代教育技术的情况。课程开发委员会汇总以上几个方面的信息，确定各个方面应占的权重，最后把几个方面的因素综合起来考虑，形成对课程开发者的最终评价。

2. 对学生的评价

校本课程中对学生的评价主要采取学分制。学分的给定应考虑三方面的因素：一是学生学习该课程的学时总量，不同的学时给不同的分数；二是学生在学习过程中的表现，如学习态度、参与状况等，由任课教师综合考核后给出一定的分值；三是学习的客观效果，教师可采取适当的方式进行考核。三个方面的因素中，要以学生参与学习的学时总量考核为主，过程与结果为辅，但最终的学分给定要把三方面的因素综合起来考虑。

第三节 小学教学管理的实施

一般来说,对小学教学工作的管理主要从教学质量管理、教学计划管理、教学过程管理、教学资源管理四个方面来实施。

一、小学教学质量管理

小学教学管理的中心任务在于提高教学质量,教学工作的其他管理活动都要围绕这个中心来进行,因此,教学质量管理是小学教学管理的中心环节。

(一)小学教学质量管理的指导思想

第一,学生全面发展。衡量小学教育质量,必须遵循德、智、体、美、劳全面发展的要求。第二,全体学生的发展。小学教育是面向全民的义务教育,必须做到使所有的学生都获得全面的发展。第三,全面完成教学任务。全面完成教学任务就是既要加强基础知识和基本技能的教学,并在教学中培养学生正确的思想观念、道德品质,又要加强学生能力的培养,把提高思想、传授知识、培养技能、发展能力统一起来。

(二)建立小学教学质量管理体系

教学是教与学的双边活动,对教学的管理也应从教与学两个方面来进行。教学质量管理体系也要在教学工作主管人员的统一领导下,按照教与学两个方面组成密切相关的两个管理系列。教的方面包括校长—教导主任—教研组长—教师,形成一个管理系列,每个层次都要有明确的管理职责。学的方面包括校长—教导主任—年级组长—班主任—学生。这两个系列相互联系,紧密结合,共同构成学校质量管理体系,把学校教学活动中的每个成员都组织在管理与被管理的系统中。

(三)对形成小学教学质量的诸因素的管理

小学教学质量的形成是多种因素综合作用的结果。形成小学教学质量的直接因素包括教师、学生、教材、教学设备四个方面。教师在教学中发挥主导作用,学生在学习中处于主体地位,教材提供了教学内容,教学设备则是教学活动赖以进行的物质条件。教学质量管理就是要使这四种因素都处于最佳状态,并使诸因素之间形成最佳联系,以求最终获得优良的教学质量。因此,学校领导要采取有力措施,提高本校教师素质,充分调动学生学习的积极性,选用适合的教材,不断完善、充实学校的教学设备。

(四)对小学教学工作的全过程实施管理

教学过程包括教师教的过程和学生学的过程。教师教的过程包括备课、上课、布置作业、辅导、检查与批改作业、总结分析等环节。学生学习过程包括预习、上课、复习、作业、小结等环节。这两个过程密切联系,有机结合,同步同向运行。

对教学过程实施管理:第一,要对教师教和学生学的每一环节制定规范,提出质量要求,作为教师教与学生学的目标,以及对教学工作进行检查评价的依据和标准。第二,充分宣讲,使全体师生了解和掌握教与学过程中诸环节的质量要求,自觉地贯彻执行,并经常坚持以此标准对照检查自己的教和学,做好自我控制和调节。第三,教学管理者要深入教学全过程中,全面掌握教师教与学生学各环节的情况,及时发现教学工作和学习过程中的薄弱环节,及时指导改进。

(五)制定小学教学质量检查与评价的标准

教学质量标准应依据国家的教育方针、培养目标、小学教育的任务、课程标准、教科书的内容和要求来制定。一般包括三方面的内容:第一,教学工作质量标准。这是对教师教学工作各环节和学生学习过程各环节的合乎科学的规范化的要求。第二,教学效果标准。教学效果标准比较复杂,目前一般采用的方式是把预期教学效果量化为分数,确定分数控制线,通过考试的方法,对实际教学效果进行检测,然后做出分析评价。第三,时间标准。时间标准是指各科教学必须按照教学计划、课程标准规定的教学时间进行教学工作。学校应科学规定学生课后学习与完成作业的时间限额,并与课程标准和教学计划中规定的教学时间相结合,确定学科的教学时间标准。时间标准应作为检查评定教学工作的标准之一①。

二、小学教学计划管理

计划环节是管理活动的起始环节,是管理全过程的起点。小学教学计划管理是小学管理者通过制订学校教学工作计划,并建立教学计划体系,对教学工作施加管理。

教学工作计划体系分为三个层次,分别是学校教学工作计划、教研组工作计划和教师教学工作计划。

(一)学校教学工作计划

一般情况下,学校教学工作计划的制订应由校长亲自主持,教导主任协助完成。

1.制订教学计划应遵循的要求

第一,要保证教学工作计划的方向性和科学性。学校管理者要认真学习教育方针政策,领会上级教育管理部门的指示精神,依据教育科学理论,明确计划的指导思想。

第二,要对本校教学工作的基本条件和实际情况进行深入分析。从全校干部队伍的状况、教师队伍的状况、学生的基本状况、教学设备条件等各方面,分析学校的优势和经验,了解存在的问题和工作中的薄弱环节,在此基础上,科学预测分析学校教学工作的发展趋势,制订适合本校实际的教学工作计划。

第三,发动教师参与学校教学计划的制订。教师参与计划制订的过程,是统一思想、提高认识的过程,是教师参与教学管理的过程,既能使教师增强主人翁的责任感,又有利于教师的个人教学计划与学校教学计划的整合。

第四,学校教学计划应保持协调一致。教学工作涉及不同年级、不同班级、不同学科的教学活动。在制订学校教学计划时,应对各年级、各班级、各学科进行统筹考虑,妥善安排,使教学工作整体保持协调一致。

---

① 李树清.中小学教育教学管理[M].天津:南开大学出版社,2014:84-86.

2.教学计划的内容

教学工作计划一般包括以下几个方面的内容。

第一，教学工作基本情况和条件的分析。主要内容有对前一阶段教学工作的全面分析，包括获得的主要经验和存在的主要问题等，还有对本学期教学工作的基本条件，如领导力量、师资情况、学生数量与质量、教学设备等方面情况的盘点与分析。

第二，本学期教学工作的目标、任务与要求。

第三，教学管理的具体措施。主要包括：加强教学工作领导的措施；加强教师队伍建设的措施；开展教学研究，促进教学改革的措施；完善管理制度，稳定教学秩序的措施；提高学生学习效率和积极性的措施；开展课外学习活动的措施；改善教学工作条件的措施。

第四，完成各项任务和落实各项措施的具体安排。按照各项任务和各项措施之间的关系，合理安排各项工作的内容、时间、负责人等，统一列表，以利于执行和检查。

（二）教学研究组的工作计划

教学研究组简称"教研组"。教研组的工作计划应根据学校教学工作计划，结合本组教学的具体情况制订。教研组工作计划是学校教学工作计划在教研组的具体化。

教研组工作计划由教研组长负责，在全组成员集体研究讨论的基础上制订，经主管校长或教导主任批准后执行。

教研组工作计划的内容主要包括以下几个方面：第一，前一学期本教研组教学工作基本情况的分析。第二，本学期本教研组开展教学研究，改进教学工作的基本目标与任务、要求。第三，本教研组各项具体工作任务、措施与安排。第四，本教研组内教师的业务进修与培养提高工作。第五，学生工作。包括指导学生学习、征求学生对本学科教学意见、指导学生课外学习活动等。第六，有关本学科教学的各种资料的收集、整理、研究和保管工作。

（三）教师教学工作计划

教师的教学工作计划是教师在整个学期内进行教学工作的依据。教师须依据学科课程标准和教材的内容与要求，结合所授课班级的实际情况，按照学校和教研组的工作计划和要求，制订自己的教学工作计划。教师教学计划应在学期初制订，经教研组长同意后，交教导主任或主管校长审批后执行。

教师教学工作计划包括以下几个方面的内容：第一，本学期课程内容的分析，包括基础知识的传授、基本技能与能力的培养、思想教育的内容、教材的重难点分析、各部分内容之间的相互关系等。第二，前一学期学生学习本课程基本情况的分析，主要指学生的基础知识、能力发展水平、学习态度和学习方法等方面的情况。第三，本学期本课程的教学目标、任务和教学要求。第四，本学期改进教学的具体措施。第五，教学进度的安排，需要标明章节、课题、所需课时，以及实验、实习、参观等教学活动的内容和时间安排。

三、小学教学过程管理

教学过程是根据一定的社会要求与教学目的和学生身心发展的特点，由教师的教和学生的学组成的双边活动过程。教师教学的过程是由备课、上课、课外辅导、作业批改、成绩考评五个基本环节构成。学生学的过程是由课前预习、听课、复习巩固、考查、掌握和运用五个基本环节构成。教学过程的管理就是对这一过程涉及的各种要素及活动的管理。

（一）教师备课管理

备课是教师教学过程的起始环节，备好课是上好课的前提。因此，为了提高课堂教学质量，必须重视教师备课管理。

1.备课的形式

（1）个人备课

个人备课是小学教师最基本、最常见的备课形式。每一位教师在走上讲台之前，都必须对所教内容、所用教材、所教学生、所用方法进行充分的准备，并形成自己的教学计划和教案。教师个人备课最大的优势是可以充分发挥自己的特长和优势,针对自己所教学生的特点进行教学设计,关注学生的个体差异,更能满足学生的个性需要。但是个体的力量和智慧毕竟是有限的,故步自封的个体备课形式对整体提高课堂教学质量是不利的。

（2）集体备课

集体备课可以集思广益,凝聚集体智慧,是促进教师合作和教师专业发展的有效形式,对提高教师教学素养、课堂教学质量都有很好的作用,是小学教研经常采用的形式之一。

但集体备课运用不当,也容易出现一些形式主义的误区:第一,把集体备课做成了"教案之和"。为了应付检查,将新教材平分给同年级的任课教师,大家分头撰写,然后由备课组长将参差不齐的各部分攒在一起,装订成册,谓之"集体备课成果"。第二,集体备课成为"网上资料大杂烩"。各位教师通过在线查找、资源共享、成功下载,对网上信息不加分析、不加选择地全盘吸收,不顾是否切合自己的教学实际需要,装订成册后也谓之"集体备课成果"。

有效的集体备课有以下几种方式。

第一,以解决常规教学问题为主的集体备课。围绕教学内容,每位教师阐述自己的教学设计理念、教学操作的具体策略以及细节亮点等,在此基础上形成一致的教学设计方案。

第二,带有专题研究性质的集体备课。确定教学中的某个共性问题,一起探讨解决问题的策略,进而摸索出一系列操作性强,可持续发展的操作策略。这是一个研究、实践、再研究、再实践的过程,需要多次重复研讨。

第三,以培养青年教师为主的集体备课。这种集体备课的目的是帮助和引导青年教师成长,因此,着力点应放在帮助青年教师发现优势和专长、修正问题和弥补不足上。

2.备课的检查与考评

小学教师备课管理最常用、最基本的形式,是由业务负责人定期检查教师备课。

检查的方式主要有翻阅备课本和开展教案评比、展览活动。这两种检查方式都指向教案,主要考查教案是否工整,数量是否充足,设计是否科学、是否有创新等。教案是教师上课的重要依据,把教案作为检查备课的关键指标具有一定的合理性。但是如果把教案作为考评备课工作质量的唯一指标,就容易造成教师的应付心态。教案的篇幅、字迹、格式、数量等确实能够反映教师的工作态度,但是教师在备课中钻研教材、设计教法的创造性活动和了解学生等的主观情感活动很难完全反映出来,而这些工作的差异最终将会在课堂上呈现出来。因此,应将对教师备课工作的评价与课堂教学的评价结合起来。课堂教学状况好,说明备课一定下了功夫;课堂教学效果不好,教案写得再好,也是一纸空文。

(二)课堂教学管理

教学是学校的中心工作,教学的中心在课堂。学校管理者做好课堂教学工作的管理,是提高教学效果和教学质量的重要保证。

1.加强小学课堂教学常规管理

课堂教学常规管理是课堂教学顺利高效进行的保证。课堂教学常规,主要包括教师在课堂上的行为规范、教学活动规范以及学生在课堂上的行为规范等内容。

加强小学课堂常规管理,不仅要完善课堂常规管理的文本,更要加强对课堂常规执行情况的监督和检查,使课堂常规真正发挥作用,保证课堂高效、有序进行。

2.教学管理者应深入课堂

人们常说:"没水平的校长蹲门房,有水平的校长钻课堂。"要做好课堂教学管理工作,需要教学管理者走进课堂,了解教学的实际情况,认真听课和评课。听课是教学管理的有效途径。一方面,管理者通过走进课堂可以多方面了解学校情况,评估学校各方面的管理成效,解决教学及管理中的问题和疏漏,使决策和管理更科学、更高效;另一方面,通过听课,管理者可以指导和帮助教师增长教学智慧,提高课堂教学水平。

3.开展各种课堂教学评比活动

第一,开展课堂教学评比活动,对推进新的教学理念有明显的促进作用。评比标准就是教学设计与课堂教学活动实施的风向标,通过开展评比活动,可以将教学改革的新理念渗透给教师。第二,课堂教学评比活动能够调动参赛教师的积极性和创造性,使之在较短时间内通过自主钻研、合作交流迅速成长。第三,鼓励其他教师积极参与,通过听课与评课,发现自身教学中存在的问题,促进共同提高。

(三)考试考评管理

考试考评是教学过程中不可或缺的重要环节,是了解和提高教学效果和教学质量的重要手段和工具。对教师而言,通过考试和考评,可以检测自己的工作效果;对学生而言,通过考试和考评,可以检测自己的学习情况。

做好考试考评工作的管理:第一,应树立正确的指导思想。小学阶段的教育目标是促进学生全面发展,因此,对小学生的评价不仅要关注其学业成绩,更要发现和发展学生多方面的潜能,了解学生发展中的需求,帮助学生认识自我,建立自信。第二,实施发展性评价,淡化考试的甄别和选拔功能,真正发挥考试考评促进教师专业发展,促进学生发展的功能。第三,应从单纯依赖书面测验、考试检查学生对知识、技术掌握的情况,转变为运用多种方法综合评价学生的情感态度与价值观、知识与技能、过程与方法等方面的变化与进步,丰富评价与考试的方法,如成长记录袋、学习日记、情境测验、行为观察和开放性考试等,追求科学性、实效性和可操作性。

四、小学教学资源管理

广义而言,教学资源是指在教学过程中被教学者利用的一切要素,包括支撑教学的、为教学服务的所有人、财、物、信息等。狭义而言,教学资源主要包括教学材料、教学环境及教学后援系统。小学教学资源管理,是指通过对小学教学资源的计划、组织、协调和评价,以实现既定教学目标的活动过程。小学教学资源管理,可以分为有形教学资源管理和无形教学资源管理两个方面。

（一）有形教学资源管理

有形教学资源管理,包括设备资源管理、环境资源管理和媒体资源管理。教学设备是形成教学质量的基本要素,学校应努力提高教学设备的完备性和先进性。教学环境是形成教学质量的隐性因素,学校要努力营造有利于教学质量形成的良好的教学环境。随着科学技术的迅猛发展,教学媒体资源的内涵和外延都得到了极大的丰富与扩展。网络技术的发展为学校提供了更广泛的教学资源。这对小学教学管理者在计算机和网络素养方面提出了更高的要求。

（二）无形教学资源管理

无形教学资源包括信息资源、技术资源和行政资源。信息资源的管理主要表现在构建师生信息交流的平台,如教学资源库的建设。技术资源主要包括教学模式、教学方法和教学手段。做好技术资源的管理,不仅要求学校密切关注本校教师的教学活动,总结优秀教师的特色教学模式和教学方法,还要关注兄弟学校的先进教学技术,通过切磋交流,提高本校的教学技术。行政资源包括与教学相关的各种政策法规、教学组织管理和运行机制。教学行政资源的开发与管理是提高教学质量的保证,是衡量教学管理水平的标志之一。教学管理的效能高低与教学管理的制度是否健全、组织是否高效、机制是否科学有着极大的关系。

第四节　小学教务行政管理

小学教务行政工作是建立正常教学工作秩序,保证教学工作顺利运行,提高教学质量的重要保证。小学教务行政工作主要包括编班、编排课表、教学资料和教学档案的管理等方面的内容。

一、编班

（一）编班的含义

编班是把年龄和知识水平相同或相近的学生,按照班级定额合理分配,组成平行班,以便实施教育和教学活动。

（二）编班的要求

做好编班工作,需遵循以下几点要求。

第一,编班前应充分了解学生的情况,以此作为编班的依据。

第二,平行班人数应大体相等。小学每班以40—45人为宜。人数过多,教师难以照顾和管理;人数太少,不符合经济效益原则。

第三,学习成绩好、中、差和不同家庭职业的学生应该混合编班,这有利于学生间的相互帮助,共同提高。

第四,每个班都应编入一定数量的品学兼优的学生作为骨干,以利于形成班集体的核心。学困生应适当分散,以利于对他们进行教育。

第五,编班要适当照顾居住地区,把同一街道或村庄的学生编在一起,以利于校外活动的组织和教师的家访工作。

第六,班级编定后,应保持相对稳定,不要轻易变动,以利于形成融洽的师生关系和优良的班级传统。

二、编排课表

编排课表不是简单地分配教学计划规定的课程,而是要求合乎学生的生活情况和师生学习工作的规律。编排课表要注意做到以下几点。

（一）有利于提高学生的学习效率

科学地编排课表,应使学生每一周的每一天都保持学习的高效率。例如,每天的第二、三节课是师生精力最旺盛的时段,可安排难度较大的学科。体育课不应排在饭前一节。文理科要适当搭配,交错编排。作业量多的学科不宜集中,以免造成学生负担过重。小学生持续注意力差,除作文课外,同一课程一般不要两节连排[1]。

---

①兰正强.当代视角下的小学教育管理研究[M].芒:德宏民族出版社,2018:111-113.

（二）有利于教学设备的充分使用

对于一些共同使用的场地、教学器材、实验室等，要注意合理安排，轮流使用，以提高其利用率。

（三）有利于教师备课、进修和开展教研活动

教师上课时间应相对集中，给教师留下充足的备课和进修时间，但注意连排节数。教师一天上课节数不宜太多，防止过度疲劳，影响教学效果和身体健康。同时，保证各学科教研组的全体成员有共同的无课时段，以便开展教研活动或集体备课。

三、教学资料和教学档案的管理

教学资料档案一般包括下列各类。

（一）全校性资料

包括上级的有关教学工作文件，学校的工作计划、总结，全校性的规章制度等。

（二）教师教学资料

主要有学科课程标准、教科书、教学参考资料，教研组和教师个人的教学计划、总结，研究成果，观摩教学教案，各科期终复习提纲、试卷，班主任工作计划、总结等。

（三）学生方面的资料

包括学籍册，毕业登记和去向情况登记，体检资料，转学、退学、休学登记等。

（四）各种统计表

包括各学年（学期）学生各科成绩统计材料，升留级、升学统计资料，学生学习质量分析统计材料等。

这四类资料都属于积累保管的重要资料，应及时收集，分别装订成册，编目登记，由专人管理。

第三章　小学教育管理的班级管理工作

第一节　小学班级管理的概念

一、班级管理简说

管理作为一种社会现象,是指为实现预定共同目标,采用最佳方法对人、物、财、时间、信息等进行科学组合,以发挥组织最佳功能的活动。依据不同的领域划分为经济管理、行政管理、教育管理等。班级管理属于教育管理。

简言之,班级管理就是对学校的基层单位——班级所实施的管理,是指班主任对所带班级学生的思想、学习、劳动、生活、课外活动等工作的管理。华东师范大学终身教授钟启泉在《班级管理论》中将班级管理界定为:"'班级'是旨在开展学校教育,为使之从制度上成为一定的教育单位所编制的校内团体。教师整顿这种团体的教育条件,有效地推进有计划的教育的行为,谓之'班级管理'。"

基于此,我们将班级管理界定为师生(班主任、任课教师和学生等)根据一定的教育目标,按一定要求和原则,通过各种班级活动,用适当方法科学组合和协调班级各因素,构建良好班集体、促进学生全面发展的综合性活动。

在学校工作中,管理与育人紧密联系,班级管理是学校内部的基层管理。学校工作计划的实施和管理活动的开展,要靠班级管理来落实。因此,班级管理是学校工作的基础。

二、班级管理的内容

有人说,班级管理工作事无巨细,样样俱全。简单的话语说明了一个问题:班级管理的内容是极为广泛的,尤其作为特殊的小学生,班级管理的事物就更为复杂。但是,班级管理是学校管理的一个重要组成部分,因此,必须遵照学校的统一要求,主要做好以下几个方面的工作。

(一)组织和培养班集体

班集体不是自发形成的,它有一个发展的过程。一般而言,一个刚刚组建的教学班,经过班主任长期、系统地组织和培养,必须经历松散的群体初建阶段,最后发展成为健全的班集体。

班集体建立、发展和形成过程实际上就是通过引导一个教学班不断建立班级组织框架,健全班级规范体系、形成班级正确舆论和班风的过程。具体而言包括以下一些方面:

第一,初步建立班级组织框架,选拔和培养班干部,建立班委会。新组建的群体之间,师生、生生之间比较陌生,没有共同目标,比较涣散。因此,有经验的班主任应该尽快熟悉学生,注意发现、选拔和培养积极分子,组建班委会。

第二,建立班级的规章制度,在生活和学习上对学生提出切实可行的要求。

第三,开展经常性的班级活动,促进学生之间的交流和了解,增强班级的吸引力。

第四,重视班级规章制度的执行,继续扩大班级积极分子的队伍,增强班级的凝聚力,形成正确的舆论和班风。

(二)班级的日常管理

班级管理的核心任务是进行组织建设,组织建设是通过每个班级日常管理实施的。所以,班级日常管理是班级管理的基础,也是班主任的常规工作,涉及学生的学习、生活和工作等各个方面,范围比较广泛。一般而言,日常管理可以分为班级日常规范管理、班级环境管理、学生发展指导和学生个别教育等。

第一,班级日常行为管理是班级日常管理的首要任务。班主任等班级组织者向小学生传授班级组织中的行为规范,帮助小学生掌握正确的行为规范,形成正确的行为。班级日常行为规范的制定,应该以《小学生守则》和《小学生日常行为规范》为依据,要体现和遵循学校的特殊要求,结合班级学生实际情况予以制定和实施。

第二,班级环境管理分为班级物质环境管理和班级规范环境管理。物质环境管理主要涉及教室环境布置和学生座位的安排。按照学生日常行为的领域,班级行为规范相应分为思想行为常规管理、纪律常规管理、学习常规管理、活动交往常规管理、环境卫生常规管理和安全常规管理等。

第三,学生发展指导是指在日常管理中要加强对学生的思想品德的指导、学习指导、安全与法规指导以及学生健康指导等。

第四,个别教育是指在班级日常管理中,针对班级成员发展的个别特点,给予学生特别的指导,以帮助每个孩子在原有的基础上得到最大限度的发展[①]。

(三)班级的活动管理

班级的教育管理是通过各种活动实现的,班级活动是对学生进行教育的重要形式,因而,组织开展相关活动构成了班级管理的主要内容。

(四)协调校内外各种教育力量

除学校领导外,任课教师、少先队组织、学生家长也是班级管理的重要教育力量。班主任要加强与任课教师的团结合作,尊重科任教师,广泛听取他们的建议和意见,让他们参与班级管理和重大活动。此外,还要注意及时处理任课教师与学生的矛盾,建立起和谐的师生关系。班主任要做好班级少先队工作,充分认识少先队组织在班集体中的核心地位和教育的助手作用。尊重少先队组织的独立性,为少先队活动的开展创设条件。班主任要做好家长工作。通过家访、家长会和家长委员会等形式向家长宣传国家的教育方针、教育法规以及小学的培养目标;向家长介绍学校和班级以及学生情况,争取家长的支持配合,使学校教育与家

---

①朱宛霞.中小学班级管理[M].昆明:云南美术出版社,2018:143-48.

庭教育协调统一;向家长宣传家庭教育的理论和经验,帮助家长掌握科学教育子女的方法。

三、班级管理的方法

小学班级管理的方法有很多,常用的有目标管理法、榜样示范法、情境陶冶法、制度管理法、舆论影响法和心理疏导法等。

(一)目标管理法

目标是指班级和学生个体在一定时期内要达成的结果预期,作为一种诱因,目标具有强烈的导向和激励作用。目标管理法是指在班级管理过程中,班主任根据学校、社会和班级的实际情况,对班级发展预设目标,制订完成计划,并对目标进行分解,通过一定的方式和手段,逐步实现预定目标的一种管理方法。

目标管理中最重要的一点就是教育者要对目标进行分解,通过各级层次目标的实现,最终完成总目标。所以,管理者应该对班级目标逐级细化,尽量让目标落实到每个小组、每个学生身上,使他们明确自己的努力方向,从而提高班级管理的实效。目标反馈检查时要根据实际情况,对学生进行指导,及时调整目标中不合理的地方,从而保证目标实现的程度。

(二)榜样示范法

在班级管理过程中,班主任借助于他人的高尚思想、模范行为和突出的业绩来影响和教育学生的一种管理方法。

小学生的思维以具体形象思维为主,具有较强的模仿性和向师性。榜样的力量往往比较具体形象,对学生有着潜移默化的影响,让学生在不知不觉中受到感染而去效仿和学习。所以,榜样示范法比较符合小学生的特点。榜样的选择主要有以下几个方面:第一,革命领袖英雄模范、科学家的生平事迹和光辉业绩是具体而生动的教育材料。学生学习以后,会产生敬仰之情而去学习和模仿。第二,小学教师在学生心目中具有崇高的地位,教师的一言一行都在有意无意地影响着学生,身教胜于言教,因此,教师必须检点自己的言行,提高自身素养,给学生做出良好的师范和表率。第三,用与学生年龄接近的先进人物或者有教育意义的事例进行教育,易于为学生所接受,特别是学生中那些平凡的小事,与学生比较接近,更容易产生感染力。

（三）情境陶冶法

情境陶冶法就是通过创设有教育意义的情境,组织有教育意义的活动,潜移默化地对学生进行教育和管理的方法。这种方法没有明显的说教,而是把理寓于一定的情境之中,使学生在一种轻松愉快和优美的环境中,心灵受到感化从而自觉自愿接受教育和管理。

情境陶冶法的方式有很多,主要包括以下几个方面:第一,师爱的陶冶。陶行知先生说过,"没有爱就没有教育",教师的爱是陶冶教育的最重要的情境。它能拨动学生的心灵,激发学生的上进心,从而将教师的期待转化为学生的自觉行动。第二,环境的陶冶。是指学生所生活的环境对他的思想品德的形成有重要影响。"孟母三迁""近朱者赤近墨者黑,""蓬生麻中,不扶而直,染于苍则苍,染于黄则黄",这些故事和流传至今的谚语就是对情境陶冶的最好证明。第三,文艺的陶冶。是指用文学、艺术陶冶学生的思想感情。因为文学作品、电影、电视、美术、雕刻、音乐舞蹈等有着很强的感染力,学生容易接受影响。因此,要引导学生阅读一些健康积极有教育意义的作品,观看一些有教育意义的电影、电视和书画展等。收听音乐,多参加校内外的各种文艺活动。在艺术熏陶中受到陶冶和教育。

（四）制度管理法

制度管理法是指通过一系列的规章制度和规范条例等为学生建立良好的规范和制度,约束学生的行为,促使他们逐渐形成良好的行为习惯的方法。没有规矩,不成方圆,通过班级规范和制度的建立,让全班同学必须遵守共同的规定和准则,对学生的思想和行为起到一定的约束作用,从而实现学生由"他控"到"自控"的转变,也使得班级活动有章可循,有利于班级的发展和团结。

班级规范和制度一般包括两个方面:第一,学生在生活和学习中必须遵守的基本准则和规范,如课堂纪律、作业规范、学习锻炼、作息制度等。第二,还包括执行和违反规定的奖惩措施规定。班级规范必须要得到大家的共同认可,才会被学生理解和接受,从而自觉执行和约束自己。班级规范一旦制定,就应该认真贯彻和执行并加强监督,防止规范软化。为了更好地强化制度和规范,可以运用一定的奖励和惩罚措施。教师要加强自身的修养,为学生树立良好的榜样,确保在班级中形成自觉执行规范的良好氛围。

(五)舆论影响法

舆论是班级中占优势的,为大多数同学所赞同的言论和意见。它是一种潜隐的规范,对班级中学生的言论和行为给予肯定或者否定的评价,从而对学生的言行起到直接的导向、监督和调节作用。舆论影响法就是班级的管理者通过积极健康的集体舆论,形成良好的、健康向上的班级氛围和环境,从而对班级中的每一名同学都产生潜移默化的影响的教育方法。

班主任要经常向学生进行道德行为规范的教育,提高学生的思想认识,达到明辨是非;在日常教育与管理中,班主任要善于发现学生中的好思想、好品行,及时表扬好人好事,以弘扬正能量,消除不良言行影响。

(六)心理疏导法

在班级管理过程中,班级管理者要晓之以理、动之以情,用心理学知识、方法对学生进行疏导、沟通和引导,以使学生保持心理的健康平衡,从而促使其身心健康发展的一种教育方法。心理疏导法的常用方式有心理换位法、宣泄疏导法和认知疏导法。

心理换位法就是移情和将心比心。在班级管理中,与他人互换位置、互换角色,站在别人的立场和角度分析问题,体会对方的情绪和思想,进而化解双方矛盾,消除不良情绪。

宣泄疏导法就是鼓励学生将受挫后和遇到不良事件中的消极情绪和反应宣泄出来,从而维持正常身心平衡,并逐步学会积极应对挫折的方法。

认知疏导法就是引导学生多方位多角度地认识周围的事物;辩证、

弹性地思考问题,从而改变认知方式和观念,以消除和减弱不良情绪和行为的方法。

总之,班级管理还可以通过行为训练、自我管理、民主管理等方法来进行。但不论哪种方式,都要适时、适当、适度,这样才能使之为班级管理服务,使班级能按着所期望的目标发展,成为一个团结奋进、蓬勃向上的集体。

四、小学班级管理中的班主任

为了保证班级活动的顺利开展,我国小学在每个班级都配备一名班主任。班主任要全面负责一个班级学生的思想、学习、生活等工作,是联系学校、家庭、社会的桥梁和纽带,也是一个班级活动的主要实施者和各种教育力量的协调者。因此,我们有必要对班主任这一角色有清晰的认识。

(一)班主任概念界定

班级是学校进行教育教学活动的基本单位。班主任就是对班级进行全面的管理、教育和引导的教师。1952年,我国首次确立了班主任是班级管理者的角色。2009年,教育部印发《中小学班主任工作规定》提出:"班主任是中小学日常思想道德教育和学生管理工作的主要实施者,是中小学生健康成长的引领者,班主任要努力成为中小学生的人生导师。"作为教师中的特殊群体,班主任与学生接触多,沟通便利,影响深刻,肩负着育人的重要职责。因此,班主任必须根据小学生的身心发展的特点,积极正确引导孩子,使得每个孩子在原有的基础上都能得到提高。

(二)小学班主任的基本职责

班主任是班级的组织者和指导者,肩负着贯彻党的教育方针,实施学校教育教学计划,沟通师生学校与家庭以及社会之间的联系,落实学校育人目标,推进全面素质教育的职责。为了充分发挥班主任的工作职能,《中小学班主任工作规定》中从班主任的角色、中小学班主任的配备与选拔、中小学班主任的职责和职务、班主任的培养与培训以及班主任的待遇与权力等几个方面做出明确规定。其中,第三条就是中小学班主任的基本职责。

从上述的基本职责中可以看出,班主任作为班级的教育者和组织者,责任重大,工作辛苦而光荣。班主任的工作质量,在很大程度上决定着一个班的精神面貌和发展趋向,深刻影响到每一个学生的成长和发展。小学班主任的工作具体包括如下方面的内容:

第一,全面了解和研究学生——这是做好班主任工作的前提和基础。《礼记·学记》曰:"知其心,然后能救其失也。"苏联教育家苏霍姆林斯基说:"教育,这首先就是人学,不了解孩子,不了解他的智力发展,他的思维、兴趣、爱好、才能、禀赋、倾向,就谈不上教育。"学生是班集体的主人,但学生的发展又存在着差异,班主任要教育好学生,就得先了解和研究学生,这是做好班级工作的先决条件。

了解和研究学生从两个方面展开:第一,了解和研究班集体。包括班集体的基本情况(如班级人数、男女生比例、生源状况、年龄结构、班风、学风),班级学生的发展情况,学生各方面的表现,班级目前的发展状况和存在的问题等,除此之外,还可以从班级的其他方面,如学生生活社区环境、学生家庭条件、学生在校外的表现等方面了解。第二,了解和研究学生个人情况,如家庭情况、思想品德情况、学习情况、身体情况、个人兴趣爱好。了解学生可以通过观察法、谈话法、书面材料分析法、问卷法和访问调查法等方法来进行。其中,观察法是最常用、最方便的一种方法。

第二,组织和管理班级。全国优秀班主任魏书生在《班主任工作漫谈》一书中写道:"班级像一座长长的桥,通过它,人们跨向理想的彼岸;班级像一条挺长的船,乘着它,人们越过江河湖海,奔向可以施展自己才能的高山、平原、乡村城镇;班级像一个大家庭,同学们如兄弟姐妹般互相关心着、帮助着,互相鼓舞着、照顾着,一起长大了,成熟了,便离开了这个家庭,走向了社会。"因此,班集体对学生的成长和教育具有十分重要的作用。建设好班集体,是班主任的一项重要工作,也是班主任最基本、最核心的任务。

班集体不是自发形成的。刚组成的教学班,经过班主任长期系统的组织培养工作,由松散的学生群体转变成为健全的班集体,大致要经过组建、初步形成和形成发展三个阶段。一是为了使班级工作能很快进入正轨,班主任必须抓紧时间全面了解学生,通过班级常规活动发现和培养积极分子,建立起班委会。二是要引导学生明确发展目标,建立各种切实可行的规章制度。三是还要多组织和开展班级活动,形成正确的集体舆论和班风,增强集体的凝聚力和吸引力。

第三,在集体教育的同时,做好个别学生的教育工作。教育的前提是承认每个孩子是有差异的。正因为如此,每个孩子才会有独特的一面。班主任必须根据学生的个体差异,采用不同的方法去做好学生的个别教育,尤其是对学优生和学困生两类学生的教育工作。对于学优生,班主任既要关心爱护,又要严格要求,防止骄傲,发挥他们在班集体教育中的积极引领作用。对于学困生,班主任要注意保护好他们的自尊心,积极发现其闪光点,做到以爱动心,以理服人。

第四,协调教师、家长和社会有关方面的教育影响。班级的教育力量是多方面的。除学校领导外,任课教师、学生家长和少先队组织等也是十分重要的教育力量。班主任只有协调并发挥好这些力量,才能保持教育方向的一致性,教育要求的统一性,教育活动的协调性。

班主任要定期召开家长会,做好家长工作,争取家长对学校教育的支持配合;任课教师是班级教育工作的重要力量,班主任要发挥和调动任课教师的作用,加强与他们的联系;共青团、少先队是学生的集体组织,要协调好教学工作与班级少先队工作的关系,协调好班委会与少先队组织的关系;班主任要争取家长和社会各种教育力量的配合,统一校内教育者对学生的要求、统一学校与家庭对学生的要求。

第五,做好班主任工作计划和总结。班主任工作计划的制订和总结,是班级工作不可缺少的环节,是班主任工作达到预定目的的重要保证。

班主任工作计划的制订,要根据教育方针、小学培养目标、教育政策和法规,要与学校工作计划和本班实际相联系。做到全面具体,目的明确,条理清楚,有可操作性。计划一般分为学期和月(周)计划。学期计划的内容包括班级学生基本情况分析,班级工作的指导思想和班级共同奋斗的目标,教育工作的内容、主要措施及时间安排等。月(周)计划是学期计划的细化,主要包括具体活动的内容、基本要求、组织措施和完成期限等。

班主任工作总结是班级工作过程的最后一个环节。为保证总结客观真实,班主任应注意日常班级管理和活动资料的积累,做到有事实、有分析,提炼出规律,把感性经验上升为理论,为后续的班主任工作打下良好基础。

第六,做好学生操行评定工作。操行评定是以教育目的为指导思想,以"学生守则"为基本依据,对学生一个学期内在学习、劳动、生活、品行等方面的小结与评价。主要由班主任负责。小学生的操行评定在低年级一般由班主任来做,到高年级可以先由学生小组互相讨论,然后由班主任写出评语。写评语的工作不能交给学生。

(三)小学班主任的基本素养

2004年《中共中央国务院关于进一步加强和改进未成年人思想道德建设的若干意见》指出:"要完善学校的班主任制度,高度重视班主任工作,选派思想素质好、业务水平高、奉献精神强的优秀教师担任班主任。"由此可见,小学班主任不是仅凭个人经验和责任心就可以成功的。他还应该具备完善的专业基础知识,包括学科知识和教育知识;还要形成较高的教育能力、强烈的责任感、事业心以及正确的职业理念。

1.小学班主任要有良好的职业道德素养

班主任良好的思想品德、人格精神,对于学生具有巨大的教育力量,也是教育工作取得成功的必要条件。《中小学教师职业道德规范》明确指出:"对待国家,教师要爱国守法,忠诚人民的教育事业;对学生要关爱儿童,诲人不倦;对事业要教书育人,为人师表,终身学习;对待同事要团结协作,共同进步。"作为教师队伍的一部分,中小学教师的职业道德规定同样是对小学班主任的职业要求。其中,建立在教师职业动机基础上的事业心,是班主任整体素质结构中的核心和关键要素,是班主任做好教育工作的根本前提,也是推动班主任个体专业发展的重要动力。

2.小学班主任要有一定的专业理念(教育观念)

教育观念是教师通过教育理论学习和教育教学实践,形成对教育对象、内容、过程、结果、质量以及对自己所从事的职业的理性认识和信念。它是教师专业行为的理性支点,是专业人员与非专业人员的重要差别,在班主任专业素养中居于核心位置,主要包括教育信念和班主任自我专业发展的信念。教育信念体现为与时俱进的教师观、学生观、人才观、班级管理观念、人生价值和情感态度等。班主任自我发展的信念主要有专业理想、专业情操、专业性向和终身学习的意识等。

3.小学班主任的知识素养

第一,作为教师,教学是班主任的基本职责,它要求班主任有扎实的专业知识,这是教师教学活动的基础。教师要了解理解所教学科的知识体系、基本思想与方法;掌握所教学科内容的基本知识、基本原理与技能;同时,教师还要了解所教学科与其他学科和社会实践的联系。

第二,要想做好教学工作,教师还必须具备必要的教育教学知识和班级管理的知识。它是教师成功教育和教学的重要保障,是教师工作成为专业不可或缺的条件性知识。如:教师要吃透所教学科的课程标准和教学知识,掌握一定的教学策略;了解小学生品行养成的特点和规律;掌握不同年龄小学生的认知规律。

第三,班主任还应该具有广博的文化科学知识和适应教育内容、教学手段和方法现代化的信息技术知识。小学生好奇,求知欲强烈,富于幻想。他们常常带着种种幻想与理想,向班主任提出各种各样的问题。如果班主任能满足他们的好奇心和求知欲,科学、准确地解答他们提出的问题或者指导他们探求知识的方法,孩子们会对老师产生深深的崇敬之情,有助于建立教师的威信。

总之,班主任必须勤奋学习,不断拓宽自己的知识视野,社会科学、自然科学、古今中外的知识都要懂一点,既发挥自己专业的优势,又要弥补自己的短缺,做到文理相通,使自己的知识成为"金字塔"结构,有顶端精尖的专业知识,又有广博的知识基础。

4. 小学班主任还要具备一定的教育和管理能力

综合性的教育管理能力是指班主任在教育教学和研究活动中应当具备的专业能力。主要包括敏锐的观察力,制订计划和设计活动的能力,良好的组织管理能力,灵活应变的教育机智,人际沟通能力与合作能力以及活动的评价与反思能力。其中敏锐的观察力是班主任进行工作决策、发挥教育艺术、提高教育质量的重要因素和先决条件。良好的组织管理能力是核心,它是指在教育过程中表现出来的组织、培养、教育学生集体统帅少年儿童的综合教育能力。它包括计划能力、组织实施能力、常规管理能力、思想工作能力、协调能力等。

5. 小学班主任要具备良好的个性心理品质以及健康的身体素质

这是班主任职业的软性指标。在具体工作中,要求班主任观察敏锐、思维准确、想象丰富、情绪饱满、意志顽强、兴趣广泛、信念坚定、性格开朗、心理健康。班主任工作是一项繁重而艰巨的劳动,劳心费力,因此班主任必须要有良好的身体条件。

以上是对班主任素质的基本要求,一个优秀的班主任应该遵从上述要求,不断提高自身的素质,更好地完成班主任工作。

第二节　小学班级活动的组织与管理

一、班级活动概述

(一)班级活动的定义

班级活动是指为实现教育目的,在班级教育管理者(主要是班主任)的引导下,由班级学生或少先队员参与,在学科教学以外时间组织开展的教育活动。如,班主任组织的各种全班性的活动:班级管理、德育和社会实践活动,还有知识竞赛、春游秋游、体育运动、文艺科技、劳动与游戏等,都属于这个范畴。

　　班级活动是形成班集体的载体和途径,是学生在学校生活的基本形式。一个班集体的形成必须要通过一系列的教育活动的开展,才能促使集体目标的实现,形成良好的班风和班级舆论,才能培养学生的集体主义精神,最终形成一个班集体。

　　班级活动是一种教育活动,其目的就是为了促进学生的全面发展;但同时也要注重活动本身的趣味性和愉悦性,培养学生强烈的兴趣。说到底班级活动是一种以学生为主体开展的活动。因此,从活动主题的确定、内容的选定到活动的组织与实施以及活动的评价,都应当让学生参与或主持。学生既是活动的受教育者也是活动的主体和导演、演员。

(二)班级活动的特点

　　班级活动是实行全面教育的重要途径,它有着自身的特点,主要表现在以下几个方面。

　　1.自愿性和自主性

　　课堂教学受到教学计划和教学大纲的制约,学生必须按要求学习规定的必修课,不能任意选择。班级活动则完全由学生根据自己的兴趣、爱好自由选择,自愿参加,教师只能加以引导而不能强迫。如果学生对某项活动不感兴趣,一味强求是难以调动学生主动性与积极性的,也是不利于培养个性、发展特长的。

　　活动过程中,学生是活动的主体。活动成效,决定于学生(个性、群体)主动、自觉、积极参与的程度;教师在活动中起指导作用而非主导(领导和决定)作用。班级活动则更多的是以学生的兴趣确定活动内容,结合学生的生活选用活动的形式,并允许学生对所参加活动的内容与方式,根据自己的兴趣、爱好和特长选择,有较大的选择权。因而,有利于学生主动性、独立性、创造性的发挥,有利于学生个性的发展、特长的培养及自我教育目标的实现。

　　2.实践性

　　如果说课堂教学侧重的是系统知识的传授,主渠道是课堂和教室。

那么,班级活动则强调对所学知识的运用,即学生在活动中动脑动手、实际操作、亲身体验,获取直接经验;在活动中,发现、培养、锻炼、提高学生的各种实践能力。要求学生能将自己所学的知识、技能、技巧和生活经验,在与同学的交往、参与集体或社会活动的过程中充分运用,并从中获得新的生活体验。所以说,学科课程更多的是追求认识价值,而班级活动则偏重于追求实践价值,实践性是班级活动的主要外现形式和追求目标。

3.广泛性和综合性

班级活动的内容丰富多彩,不受学科的局限,它是各学科的知识的综合运用,具有广泛性。只要符合教育要求又有条件开设的活动都应该纳入班级活动中;学生从班级活动中受到的教育和锻炼是多方面的、综合性的;对指导教师的要求,也是多方面、综合性的。例如,某班举办了一个"夸夸我的家乡好"的主题活动。活动中,学生必须运用语文、历史、地理等学科的知识,同时在合作中体会集体主义,在活动中增强对家乡的热爱之情。

4.灵活性和多样性

班级活动从内容、组织形式和方法上看多种多样,具有一定的灵活性和多样性。如从组织形式上看,可以是全班的,可以是全年级的,也可以是小组的,或者是全校性的群众性活动。从具体活动的方式看,可以做模型、采集标本、搞调查、办展览,或者是参观、讲座、报告会、演讲比赛等。总之,要注意因地制宜,因校制宜,因人而异,灵活多样。

(三)班级活动的类型

根据不同的标准,班级活动可以分为不同的类型。根据当前学校班级活动的实际情况,班级活动大致分为三大类型,即主题教育活动、常规性教育活动和阶段性班级活动。

1.主题性班级活动

主题性班级活动也称主题班队会,是学校根据教育计划,结合学生的实际情况或者是学校教育工作需要,提出一个主题或者是围绕一个中心内容所展开的活动。分为主题班队会和即兴式队会两种形式。

　　主题性班级活动目的性强,主题鲜明集中。比如,宣传一种观点,或者是歌颂一种精神,或者是学习一种技能。如"勤俭节约好习惯""学海无涯苦作舟""小学生日常行为规范知识竞赛""做新时代的四好少年"等。主题活动有计划性,主题教育活动往往要做充分的准备,有完整的活动方案,甚至是"文字剧本",需要师生做多次的练习和彩排。主题活动结构完整,一般主题性教育活动需要一节课或者更长的单元时间。

　　主题教育活动也可以围绕一个主题或者中心,有计划、有步骤地开展系列化活动,使队员受到深刻而系统的教育。由于它费时费力,一个学期次数不宜太多,一般以大队会或者中队会的形式,两次到三次。

　　主题性班级活动的主题可以根据学校的计划安排选择,也可以根据学生中普遍存在的问题或者是根据国家和社会发展的形势选择。具体可以分为日常主题,这是最常见的。

　　日常生活的很多主题都可以作为主题班会的主题来使用。第一,是品德与行为规范的养成,爱国主义与革命传统教育,学习与考试指导,人际交往与沟通等。第二,是政治主题。像"新中国成立73周年""神十四上天""美丽中国,我的梦"和"少年向上,真善美伴我行"等就是属于政治主题。第三,是阶段性主题。阶段性主题在我们学校的各个年级段都会使用到。比如,在小学这个阶段,学生在高年级面临青春期的时候会有很大的心理波动,而且很多学生也会出现很多的青春期困惑。在这个阶段,老师适时组织一次"怎样以正确的心态面对青春期"就是属于比较典型的阶段性主题班会。第四,是节日性主题。很多节日适合作为主题活动的主题,像学雷锋纪念日、植树节、教师节等。此外还有一些偶发主题,这种主题不常见。班主任老师也可以结合相关主题开展主题教育活动。

　　即兴式班队会是在传统主题活动的基础上发展出来的一种队会形式。主要的特点是当场选定主题,在规定的时间内,由队员自己设计,自己组织召开队会并自己总结的一种形式。

　　2.阶段性班级活动

　　阶段性班级教育活动一般是伴随着全校性的活动进程而组织和实施的活动。分为按照时间段划分进行的活动和根据不同的活动主题而进行的各种活动,如学习竞赛活动,社会性的公益活动,学校的传统活动等。

按时间段划分的阶段性活动有开学初的准备、期中工作和学期结束时的班级教育管理活动。开学初的准备主要包括根据学校教育工作计划和要求和本班的实际,制定出班级教育管理计划和工作要点;检查教室的各种配备物品;学生的报到注册;学习材料的发放;对学生进行组织性、纪律性教育;组织召开第一次班委会会议或者是进行班委会的改选等。期中的班级管理工作主要有了解学生的学习、生活、人际等各方面情况;听取班级学生意见;检查班级工作计划执行情况。学期结束时的班级管理工作主要有学期末组织学生的期末复习迎考,做好学生的质量评价;评选三好学生,写好学生操行评语等。[①]

根据不同主题安排的阶段性活动很多,具体可以分为:①传统纪念日主题活动,三八妇女节、清明节、端午节、六一儿童节、教师节等。②知识竞赛活动,中国汉字听写大赛、安全知识竞赛、迎元旦学科知识竞赛、黑板报评比等。③文娱活动,文艺联欢、新年音乐会、游园活动、各类文艺比赛。④科技活动,科学幻想画、科技制作、养蚕日记等科技周系列活动。⑤体育活动,大课间、跳绳比赛、拔河比赛、阳光长跑、体育运动会广播操比赛等。⑥劳动技术,手工制作、制作书签、树叶画等。⑦社会实践,乡俗调查、社区服务、小啄木鸟纠错活动、红领巾交通岗等。⑧主题教育活动,讲座、报告、影视、参观访问等。

3.常规性班级活动

日常班级活动主要是指每天或每周都要进行的,为维持班级正常运转所必需的活动以及班级内自发进行的活动。主要包括以下一些方面:①班级晨会(例会)活动。班级活动的第一种形式就是班例会,也叫作"周会"。就是每天一次或者是每周一次。主要内容是对学生进行道德、纪律、安全以及学习的重要性和学习方法教育,包括一周一次的升旗仪式。升旗仪式是进行爱国主义教育的重要集会,也是进行日常生活道德、理想情操教育的好时机。晨会安排一般分为两个方面:固定性班会

---

① 赵德丽,商林娜,李东红. 小学班主任工作与班级管理艺术[M]. 延吉:延边大学出版社,2018:95-99.

和临时班会。固定班会,每周、每月中较固定已形成惯例的班会。反映的是班集体和班级成员学校生活的经常性的需要,内容往往也比较固定(日常行为规范教育),一般是为了研究、解决班级管理事务而召开的全班同学会议。如选举班委会、班级纪律教育学习方法引导等。临时性班会是由班主任根据学校要求或形势需要而临时决定召开的班会,以解决具体的问题。如最近班级学生当中出现了上课讲话、不认真听课且故意捣乱的行为,为了纠正学生的错误认识,班主任要组织召开班会,引导大家进行讨论,澄清认识。晨会临时性的内容无法预先设计,一般与形势、班级内的突发事件、学校某些临时的要求相关。晨会的特点是短、小、实,形式比较灵活,时间较短、主题单一,比如,折红领巾、整理书包、课前准备等。②班级一日生活的管理。早晨,组织学生到校后的早读,早锻炼,安排学生的班内外执勤和值日生工作;课间组织学生上好两操(广播操和眼保健操)和大课间的锻炼;课堂组织学生遵守课堂纪律,养成良好的学习习惯。中午,安排学生的放学路队工作。下午,组织学生体育锻炼、课外活动,清扫教室和放学。有时候,还要安排学生的黑板报、手抄报的班级宣传活动。此外,班级日常性活动还包括对学生的日常行为的管理,建立各种规章制度和条例。这些规章制度和条例主要有思想行为常规管理、纪律常规管理、学习常规管理、活动交往常规管理、环境卫生常规管理、安全常规管理。

根据班级活动的内容不同,还可以把班级活动划分为:①政治性活动。政治性活动的内容主要涉及思想品德教育和行为规范训练,一般通过班队会、团队活动、传统教育活动以及制度规范教育等,使学生受到思想观点和良好品德的教育,形成良好的行为习惯。如,每年的禁毒日的报告会,传统节日的庆祝和纪念活动。②知识性活动。以培养对所学各门学科的兴趣,目的在于拓展、巩固、运用学科知识,培养学生的动手操作能力和一定的智能训练为主要内容。这类活动主要是通过组织课外兴趣小组或者是举行知识竞赛、小发明、小制作等动手操作来吸引广大学生积极参与。知识性活动既要凸显一定的知识性,也要注意与趣味性相结合,使班级活动成为学生个性发展的良好园地。在这些活动中,学生学科学,爱科学,使自己的兴趣、爱好特长和能力得以发挥。同时这些活动也渗透着思想教育。寓教育于知识中,不拘形式开阔学生知识视野,提高学生智力水平。如"中国汉字听写大赛""神十授课,探索太空""科普少年行"等。也可以围绕某门学科选择主题,如"神奇的摩擦力"的探究活动。③娱乐性活动。娱乐性活动是指以培养学生在文艺、体育方面的兴趣、爱好、特长,形成一定的技能为主要内容的班级活动。娱乐性活动通过组织演唱会、演奏会、歌咏比赛以及画展等艺术品欣赏等活动,培养学生健康的审美情趣,形成高尚的情操,发展学生对艺术的爱好与特长。通过开展田径、球类、棋类等体育竞赛活动,使学生养成自觉锻炼的习惯,不断增强体质。④实践性活动。是指旨在沟通学校、社会、家庭之间的联系,把学校教育同社会教育紧密结合起来,进而提高学生的社会实践能力的各种活动。实践性活动的形式有参加公益劳动和社会服务、参观访问、实地考察和调研、志愿者服务等活动,引导学生接触社会,培养他们热爱劳动人民的感情和社会责任感。⑤传统性节日活动。一年有不同的节日,这也是很好的教育时机。因此,班级管理者根据节日的性质、特点,结合教育的中心内容,运用综合教育手段,使学生不仅增长知识,也活跃了思维,培养了个性。节日是重复出现的,但我们应该让班级活动不能重复,不落俗套,年年翻新,给学生一种新鲜感。在创造性活动中激发他们的创造热情,鼓励他们的个性发展,奋发向上。

二、小学班队活动的组织

(一)开展班队活动的原则

班队活动是促进学生全面发展的重要途径,有利于培养学生良好的品德,发展学生的个性,激发学生的学习兴趣,锻炼坚强的意志。班队活动也是班集体形成的基础,学校的教育思想主要通过班级活动得以实现。开展班级活动要注意遵循以下的原则:

1.教育性原则

教育性原则是指按照一定的教育目的和学生身心发展的规律,确定活动的主题,做到寓教于乐,全面发展,最大限度发挥班级活动的教育作用。例如,"以科技为伴,与世博同行"的主题活动,通过科幻画、遥控船、五子棋、创意小制作、四驱车拼装、A4纸掷远、保护鸡蛋、拉肥皂泡、巧搭塔罗牌等学生喜爱的项目,给热爱科学的学生提供一个个展示自我的平台。"小小啄木鸟"的错别字纠错活动、"学习英雄事迹,争做四好少年"以及逃生自救疏散演练等不同主题的活动都能让学生受到不同的教育。

在活动的组织过程中,要围绕教育目标,做好相应的准备、设计和预测,体现和突出活动的教育意义。比如,会场的布置、活动的气氛、标题的书写、展板的摆放等都要体现出一定的教育性。例如,组织学生体验地震的过程,对地震预防进行演练。学生在整个过程中,一边跑一边嘻嘻哈哈、打打闹闹,却不去体验和深入体会活动的内涵,感受地震的危害,用心去体会自己的行为,掌握基本的逃生措施。这样,一场看似很严肃的班级活动就失去了原有的意义和价值。

2.趣味性原则

在班级活动中,学生是活动的主体。第一,班级活动内容的选择必须尊重学生的现实需要和兴趣,必须符合学生的心理、生理特点,选择有时代感的主题,让学生触摸时代的脉搏。这样活动时才能使学生感到愉快、有吸引力。第二,班级活动须注意活动形式、组织方式、方法的多样性、趣味性。例如,我们要组织一个元宵节庆祝晚会。我们可以安排化装晚会,也可以组织一次包元宵的野炊活动,在活动中伴随歌舞表演、民间传说介绍、猜谜语和吃元宵等形式。当然,还可以组织一次元宵节的敬老活动。在活动形式上,可以以小组形式,也可以班集体统一组织,还可以学生三五人自由组合。活动地点既可以选择校内,也可以走出去。总之,让学生通过不同形式理解和体会到元宵节的团圆意义,体验快乐。第三,活动的准备从会场的布置、活动气氛的调动、主题名称的书写、展板的摆放、桌椅的形式等方面要有一定的趣味性。

3.自主性原则

自主性原则是指在活动进行中,要让学生当家做主,最大限度地调动学生动口、动手、动脑参与,在亲身实践中受到教育。做到学生自己定计划、自己组织进程,遇到问题自己想办法自己调整、解决。当然,提倡活动的自主性,不等于放任自流,从活动的选题、计划和进程的组织以及遇到问题时的引导,班主任要给予必要的指导。

4. 整体性原则

整体性是指班级活动的内容、活动的全过程、活动的教育力量都要成为一个系统,用整体的教育思想指导整体的教育活动,达到教育目标实现的整体性和学生身心发展的整体的最高境界。

从活动内容看,班级活动不仅仅指的是德育活动,还包括智、体、美、劳诸方面活动,从全面发展教育角度入手指导整个教育活动,使学生得到多方面的发展。

从活动的全过程看,要注意活动之间的系统性和连贯性。在设计活动之前,要有整体、长期的计划,使得前后活动保持主题的一致性和活动之间的相互联系。例如,在"我爱五彩×××(地名)"的系列主题班会中,分别举行"五彩×××""我爱×××好风光""家乡美食""我是环保小卫士"等几组活动,让学生分别从家乡的特点、家乡的建设、家乡的美食和环保等几个方面交流对家乡的认识和热爱之情。在这个系列活动中,每一次活动的结束都会成为后一个活动的起点,后一个活动又巩固强化了前一个活动的教育。这样,一环套一环,循序渐进地进行活动,整体教育效果就显露出来了。

从教育资源的使用看,班级管理者首先要做好学校、家庭和社会之间的沟通与联系,发挥他们的整体教育功能。其次要争取各科教师的支持,获得他们的配合。比如,经常召开家长会或者家长委员会,发挥他们的中介功能;在社会资源方面,可以根据"请进来,走出去"的原则,带领学生家长参观、访问、调查;请学生家长参与班级的各项活动,请他们来做各种报告、演讲。尽可能争取到家长和社会对班级活动的参与与支持。

5. 易于操作的原则

现实的中小学班级活动中,很多学校乐于追求大规模,主题突出,认为这样才能取得理想的效果,结果几个活动搞下来,老师、学生筋疲力尽,怨声载道,反而得不偿失。因此,班级活动组织必须易于操作。

第一,在活动的频率上,每学期班级组织的主题活动不宜太多,否则必然会冲击学生学习,学习不专心。但是班主任也不能怕麻烦,很少组织或者不组织班级活动,这又会让学生感到枯燥、乏味。

第二,班级活动的规模也不宜太大,太铺张。按照规模分析,班级活动一般分为主题性教育活动和日常性班级活动。主题性教育活动一般一学期组织2—3次,全体学生参加。主题活动要目标明确集中,给学生以深刻的影响;过程要简洁有序,时间以1课时或者是1小时左右为宜。日常性班级活动是每天都要进行,因此要有针对性,做到短、小、实。短,是指时间要短,一般10分钟以内。小,就是解决小问题。如:对班级发生的行为和事件进行评议;或者是集体朗诵一首古诗;或者是集中解决一个突出的问题;或者是表扬某个同学、某种行为。实,就是要解决实际问题,有实效性。日常性班级活动没有固定的形式,可以全班进行,也可以以小组形式,也可以同座位交流。

第三,班级日常活动要形成自动化操作。如上操、查卫生、新闻播报和今天我值日等,每天有专人负责,固定时间进行,操作就简单了。每一次大的班级活动,事前要制订详细的方案,谁主持、谁发言、谁表演、谁负责录音和投影、谁做总结都要事先安排,这样操作起来才能有条不紊,顺利进行。

(二)不同班队活动的组织

不同班队活动对班集体建设发挥着不同的功能,从我国现行的小学班级管理实践中看,目前已经成型的班队活动类型主要有班会、队会和晨会(夕会)等。2001年教育部颁布的《义务教育课程设置实验方案》把晨会、班会等纳入了课程安排,由学校根据各自实际情况自行安排。

1.主题教育活动

班级主题教育是指在班主任或者辅导员的具体组织和指导下,围绕某一特定主题对学生进行的集体性教育的一种重要活动。它具有学生喜闻乐见的形式,也是学生自己教育自己的一种有效教育方式,是学校德育工作的主要渠道。

班级主题教育活动分为主题班队会、主题报告会、主题座谈会等形式,其中,主题班队会是一种最为常见的教育形式。下文中将以此为例重点阐述如何设计、组织和指导主题教育活动。组织主题班队会一般应该包括以下几项工作。

(1)选好主题

主题是班会的中心。主题选得好,才能为良好的班队会奠定基础。主题选取一般有两个来源:第一,从班级建设需要出发,根据班级实际发展,提炼主题;第二,从学校的工作计划中选择主题。

如何选取主题呢?我们要做到三个要求。第一,新。就是主题要体现出时代性和针对性、活动内容新颖有创意,这样才能调动学生的积极性,激发他们的兴趣。学习了《赵州桥》,我们选择"桥"的班会主题,以中国桥梁的发展为主线,让学生了解中华民族由屈辱到崛起的发展历史,增强学生的民族自尊心和自信心。这样的主题有很强的针对性,选材典型、具体,易于深入阐明主题教育思想,能收到很好的教育效果。第二,班会主题还要近。贴近学生生活,要从小事、身边事入手,引发学生的共鸣。例如,我们要激发小学生的学习兴趣和求知欲,我们围绕航天员在空中的演示实验选择"让科技在太空中遨游"的主题;针对班上学生不爱劳动的现象选定"生活小能手"比赛的主题。第三,主题的选择要小。活动内容切入主题的角度小,内容集中,主题突出,容易将一个小的主题形成系列活动,使活动变得丰富、系统。

(2)做好准备

主题班会有了计划,还必须认真进行准备。

第一,班主任要做好学生的思想发动工作。班主任可以采用多种形式向学生宣传班会的意义、目的、内容,形式和要求,调动学生参与的积极性,并积极投入到班会的准备工作中。

第二,设计鲜明的活动名称。做好班会内容、形式等方面的准备工作。班主任要引导学生做好主题名称的选择。好的活动名称应当文字简洁,语言形象,能鲜明揭示活动的目的,给人留下深刻的印象。

准备班会内容的过程,也是一个重要的教育过程。例如,为了准备"乘着感恩的翅膀飞翔"的主题班会,必须先让孩子们在生活过程中,记录和发现家人和周围人对自己的热情帮助、关心和爱护,通过不同形式反映出来。这样,整理的过程就变成了一种切实有效的情感教育过程。

新颖活泼的形式能更好体现主题的思想和内容,使学生留下深刻的印象。活动的形式可以采用文艺表演、诗歌朗诵、游戏、小品、小实验、竞赛、参观"小记者采访"以及"新闻发布会"等形式。例如,某小学班主任以"幽默笑星大奖赛"为题组织学生分小组讲笑话、表演幽默小品,看谁表演的内容耐人寻味、最接近现实、获得的笑声最多、掌声最多,然后按小组积分算出总成绩。这样的教育不仅能丰富学生的口语表达和课外生活,而且还能提高学生的想象力和语言表达能力。

另外,开班会前,班主任还需要指导学生精心布置会场,落实场地器材;需要对人员进行培训,合理分工。尽量做到人人有岗位,个个有职责,尤其是对班级中特殊的学生。班主任还要确定合适的主持人,并且要帮助主持人做好相关准备。

（3）开好班会

在班会活动进行中,班主任要充分发挥指导作用。比如,有的学生发言跑题了,班主任要提醒主持人把话题引回到主题上;遇到各种特殊情况,例如,计算机出问题、小实验失败或者是演节目的同学之间发生矛盾时,班主任要帮助妥善处理。班会结束前,班主任要简要总结发言,对班会的成绩予以肯定,同时指出不足和努力方向。如果有必要,还可以在会后围绕主题深入开展系列实践活动,深化主题,对学生发挥深刻的影响和教育作用。

2.班队例会

班队例会是指以班级或者中队为单位,在班主任的指导下,由班干部或者班主任主持、讨论处理班级日常事务,进行班集体建设的班会活动。从内容上可以分为常规性班队会、事务性班队会和民主性班队会。

常规性班队会一般由全班同学或者全体队员参加,基本上每周一次。主要内容是对班级情况进行及时通报、表扬和批评,对所有学生进行常规教育。也可以开展学生之间的思想交流,形成正确的集体舆论。

事务性的班级例会主要是处理班级日常事务的例会。开学初,要讨论制定班级学期工作计划,确定和推选班干部成员,制定各种规章制度;日常布置一周的班级工作和对学生做出批评和表扬。学期结束时,评选优秀生,对班级工作做出总结等。

民主生活会是学生集体中或者班队委成员中出现了某种错误的认识或者不良倾向,为了帮助大家明辨是非,进行批评和自我批评,形成正确舆论而召开的一种例会。它包括班委会内部和全体成员的民主生活会两种形式。

3. 晨会(夕会)、周会

晨会(夕会)又称晨间谈话。是由学校统一布置,安排在每周固定的时间内(一般是早晨正式上课之前或者是下午课程结束以后),由班主任负责组织,面向全体进行思想教育的一种例会形式。最突出的特点是简短、精小、及时。简短是指时间每天一次,每次10分钟左右;精小是指晨会主题从小处入手,以小见大,有针对性,主题集中;及时就是晨会可以迅速传递信息或者解决问题。例如,清晨,班主任走进教室,发现教室的玻璃烂了几块。这应该是昨晚出黑板报的同学完工时,忘记关窗户。夜间风太大,窗户上的玻璃就被撞碎了。为此,班主任就以"玻璃的自述"为题,及时进行启发性的谈话,引导学生通过想象玻璃被撞碎的过程,进行换位思考,体验玻璃被撞碎的心情,从而唤起他们认识自己的错误,学会爱惜公共财物。

目前,小学的晨会学校会有统一的安排,一般采用栏目化的形式组织,一周5天,每天一个栏目。例如,××市某重点小学的晨会安排是:周一,升旗仪式,国旗下讲话(每周围绕一个主题进行发言);周二,经典诵读;周五,红领巾广播站。其余时间的晨会,班级自行安排。对于全校性的晨会活动,班主任要做好学生的管理,维持活动过程中的纪律。学校规定的晨会栏目,班主任要根据栏目要求,结合本班实际,选择有针对性的活动内容;对于班级自主组织的晨会,班主任应该根据班级教育计划和目标,安排相应的活动。当然,班主任也可以在本班的晨会时间安排一些相对固定的栏目,如"我是新闻播报员""精彩一分钟""今天我值日"以及"一周述评"等。

4. 少先队中队活动

《中国少年先锋队章程》中明确规定:"中国少年先锋队是中国少年儿童的群众性组织,是学习共产主义的学校,是建设社会主义和共产主义的预备队。"少先队活动是团结和教育少年儿童的主要途径,从内容而言,包括以爱国主义为基础的理想教育、以学英模为主要形式的革命传统教育、以集体主义为内容的道德教育等德育系列主题活动,以及劳动教育、文体活动和科学教育等。从形式上看,少先队活动的形式分为队会、礼仪活动、阵地活动、参观访问等社会实践活动以及少先队冬令营和夏令营。其中,少先队中队会是最为普遍的活动形式。

与班级活动相比,少先队活动有特有的组织仪式。在活动之前首先要配合使用少先队组织特有的队会仪式。根据活动的形式和内容,少先队中队会一般分为一般性主题队会、系列主题队会和即兴式队会。下面以系列性主题活动和即兴式队会对少先队活动做出说明。

系列主题活动是指中队或者小队依据全国或者区域性少先队活动主题,确定一个明确的主题,在一段时间内,围绕主题,采用多种方式开展的系列活动。1993年以来,全国少工委在全国范围内就展开了多次的系列教育活动。如"中国少年跨世纪雏鹰行动""启明星科技教育活动""手拉手互助活动""红领巾,心向党""红领巾相约中国梦"和"优秀传统文化在我身边"等主题活动。

同主题班会一样,主题队会有鲜明的主题,但它往往要围绕一个主题渐进展开,形式更加灵活多样,学生的自主参与性更高。在活动过程中,辅导员要注意给予学生更大的空间,放手让学生自己设计活动。辅导员要随时了解活动的开展情况,遇到问题要及时指导、帮助。活动结束后,辅导员要及时对活动进行总结。

即兴式队会是指由领导或者观摩者当场选定主题,在规定时间内,由队员自己设计,自己组织开展的队会。它有临时性,主题当场提供,活动的开展必须临时组织设计。另一个最大的特点是创造性。由于主题是当场确定、当场设计,所以,队员们有很大的创造空间,对他们的各方面的发展能起到很大的作用。

辅导员在具体辅导时分为三步走:第一步,准备,要指导学生审清题意,不偏不倚;第二步,设计出合理而科学的活动方案;第三步,要执行好活动方案,如选择主持人、确定节目的顺序等。节目结束后,辅导员都要做出总结性的评价。活动结束后,要将活动情况用文字标记出来。

第三节　小学课外活动的组织与管理

课外活动是课堂教学的必要补充,是促进学生全面发展的重要途径,也是丰富学生精神生活的重要保障。

一、课外活动概述

(一)课外活动的含义

课外活动是指学校在以学科为中心的教学活动之外,对学生实施的有目的、有计划、有组织的教育活动。课外活动可以由学校组织,还可以由校外教育机构(如少年宫、少年之家、儿童活动站、儿童阅览室、青少年科技站等)组织和实施。学校和校外机构组织的活动虽然在机构上不同,但是在活动的特点、内容、方式上有很多共同点,因而我们称之为校外和课外活动。

(二)课外活动的特点

课外活动作为一种教育的途径,与课堂教学一样,都是为了实施全面发展教育。但是,它在教育的要求、内容、教育的组织形式等方面,又有很多不同于课堂教学的地方。主要特点如下。

1.课外活动的目的是学生在全面发展的基础上发展各自的个性特长

这是课外活动最基本的特点。课堂教学必须按照课程计划开设学科,按照课程标准和教科书统一要求对全班同学进行教学,目的是使全班同学能大体同步发展,达到大纲中的教学要求,以保证学生获得基础知识和基本技能,促进学生的多方面的发展。而课外活动不受制于课程计划中学科设置的限制,不规定每个学生必须达到的某些统一的要求。它要求学生在通过课堂教学达到统一要求的基础上,充分发展各自的兴趣爱好和个性特长,成为既全面发展又有所特长的人才。

2.课外活动的开展要建立在学生自愿的基础上,充分发挥学生的主动性

一般而言,除去一些要求每个同学必须参加的文娱和体育活动项目,学校组织的其他各类课外活动是学生自愿参加的。他们可以根据自己的兴趣、爱好和特长自愿报名参加某一项活动。由于是学生自愿参加的,因而,学生能自觉接受教育,积极主动地锻炼和提高自己。

课外活动中,学生是活动的主体,教师处于辅助的地位。因此,从确定活动目的、选择活动内容和活动方式,到活动的安排和组织实施,都可以在教师指导下,引导学生自己学会进行。与课堂教学相比,课外活动更有利于发挥学生的主动性和主体意识。

3.课外活动的内容灵活,形式多样

课外活动的内容以及进度和难度,是以参加者的愿望、爱好特长和接受水平以及学校的设备、辅导员教师的能力水平来确定的。如:为了培养一部分学生的特长的课外活动,内容可以深一些,难度可以大大超越课堂教学的知识范围,速度也可以快一些;而为了吸引大多数同学参加的普及型的活动,则可以浅显一些,照顾大多数同学的能力。

另外,课外活动的组织形式也是根据学生的年龄特征和活动的条件来确定,多种多样。人数可多可少,活动时间可长可短,活动地点可以选择校内或者教室内,也可以选在校外或者是教室外。总之,课外活动的内容和形式都比较灵活多样,具有很强的吸引力,能够引起学生参加活动的需要,从而促进他们各自发展的需要。

(三)课外活动的内容

小学课外活动的内容,是根据小学教育的培养目标、课外活动的具

体要求、儿童身心发展的特点以及校内外的实际情况而确定的,范围广泛、形式多样,要尽可能把活动搞得有声有色,富有吸引力,尽量让学生有选择的余地。这里仅介绍几种经常开展的相对稳定的课外活动的内容和做法。

1.科技活动

这是为了让学生学习和了解现代科学技术知识,进行各种科技实践性作业的各种课外、校外活动。如,举办科技知识讲座和科学家故事会、科技表演、竞赛,制作科技小发明、小制作、小实验、小论文的"五小"活动以及采集标本、动物小观察、小饲养、小种植等。其主要目的是扩大学生知识视野,增进学生对新科技成果的了解,培养学生观察、实验、设计、发明、制作等能力,形成某一方面或某几方面的兴趣与特长,激发学生学科学、爱科学、用科学的兴趣,养成他们科学的态度和创造的精神。科技活动既可以向大多数同学开展普及性质的活动,也可以为那些学有所长的学生开展专门性的活动,如科技小发明、小实验或者是组建航模小组、创新科技小组等[1]。

2.学科活动

学科活动是围绕某一学科为主题而组织的一种学科性的课外学习和研究活动,如文学作品讨论会、某学科最新动态报告、某学科学习体会的经验交流会等。学科活动并不是课堂教学的重复和延伸、补充,而是在课堂讲授的基础上,对学科中某一领域进行拓展。

具体内容是关于各学科的知识性的作业,或者是对某一学科领域中学生感兴趣的专题深入探讨和交流。例如:语文学科的课外活动,可以开展朗读、阅读交流、演讲、演课本剧比赛、书法、作文选优等活动;数学学科可以开展口算心算比赛、实际测量、商品调查等活动;常识学科可以引导学生观察自然和社会现象,也可以配合教学开展采集标本、气象观察、开辟历史知识小园地等活动。

3.文学艺术活动

文学艺术活动是为了培养学生文艺爱好和发展学生文艺才能而组

---

①周琴,黄敏,潘伟峰.小学班级管理[M].长沙:湖南大学出版社,2020:37-41.

织的活动。小学文艺活动主要有歌咏、朗诵、乐器演奏与欣赏舞蹈、美术书法、摄影雕刻、观看影视剧等。还可以成立写作兴趣小组、评论小组、黑板报小组等,以生动活泼和富有感染力的形式来吸引学生,培养学生的文艺特长和欣赏、创造艺术美的能力。

4.体育活动

体育活动是为了发展学生健康体魄,增强学生的体质,提高学生运动技能而组织的活动,是课外活动中比较普遍、比较广泛的活动,也是学生比较喜欢参加的活动之一。小学体育课外活动主要有各种球类活动、长短跑、登山、划船、游泳、滑冰、滑雪、健美运动和各式各样的游戏活动。一些国防体育活动,如航空模型、军舰模型、无线电小组活动,也可列入小学体育课外活动之中,还可以组织体育竞赛和表演,组织野营和行军等活动。

5.社会公益活动

社会公益活动是一种直接服务于社会公益事业的无偿的义务劳动,是对学生进行思想教育的一种重要手段。一般包括社会调查、参观、考察、访问以及各种无偿的社会服务和公益劳动等,如帮助学校整理图书、修理桌椅、绿化校园、维护交通秩序、卫生大扫除和照顾老弱病残人员,参加力所能及的义务劳动等。

6.思想教育活动

思想教育活动是结合重大节日、纪念日和国内外重大事件对学生进行思想教育所组织的活动。国庆节、儿童节、校庆日、学校文化节、暑假的夏令营活动等都是传统的节假日活动。此外,还包括时事讲座、举行英雄模范人物报告会、座谈会,祭扫烈士墓、瞻仰名人故居。这类活动的准备过程和活动过程都可对学生进行教育。当然这类活动要注意思想性和内容的丰富生动,避免空洞的说教。

二、小学课外活动的组织和管理

课外活动形式灵活多样、内容丰富多彩,适合各种不同兴趣和爱好的学生,是课外活动的一大特点。根据不同标准,课外活动的组织形式可以不同。这里按照人数多少,学校的课外活动一般分为三种形式:群众性活动、小组活动和个人活动。

(一)课外活动的形式

1.群众性活动

群众性活动是由教师学校等教育机关组织的,多数或全体学生参加的一种带有普及性质的活动。它可以是全校性的,也可以是一个班级或者是几个班级的联合,是课外教育活动中较为普遍的一种形式。它可以在较短的时间内使较多的学生受到教育,对充实和丰富学生的学校生活具有积极意义,能激发学生的参与热情,有利于活动的开展。群众性活动的方式主要包括报告会和讲座、庆祝会、专题晚会、竞赛活动、参观访问、旅游活动、办墙报、黑板报,看电影、歌舞戏曲和艺术欣赏等。

2.小组活动

小组活动是学校课外活动的基本组织形式。它是在教师或辅导员的指导下,根据学生的兴趣、爱好和特长,以自愿结合原则为主而进行的集体活动的形式。其主要特点是小型分散,灵活多样,能够照顾不同学生的兴趣、爱好,有利于发展学生的才能,使学生得到更多的学习和锻炼的机会。当前,小组课外活动主要有学科小组、科技小组、艺术小组、体育小组等。

小组活动人数可按照活动的性质、内容和参加者的年龄而定。少则三五人,多则十几人。人数不宜过多,否则不便于指导。课外小组一般可以跨年级。有提高性质的小组的成员(如数学奥林匹克小组、计算机程序小组、航模小组和建模小组等)要考虑学生的程度,必须有年级限制。对于普及性质的小组,条件可以适当放宽,不能以学生的成绩作为限制条件。相反,当小组活动激发起学生强烈的求知欲望,可能还会促进学生的学习成绩。

课外小组的活动要有一定的计划和组织,小组内可以设小组长并配有固定的指导教师。课外小组的活动时间要在学校的周课表中有所反映,一般每周1次,每次1—2节课。

小组工作的评定可以通过工作计划、日志、工作总结、组员的作品等反映出来。

3.个人活动

个人活动也称"个别活动",是指在辅导老师的指导下,根据个人的兴趣、爱好和特长,组织学生个人独立进行的活动形式。个人活动的主要内容有阅读课外书、绘画创作、进行观察或者小实验、采集制作标本、练习书法、唱歌、折纸、摄影和体育锻炼等。个人活动可以与小组活动结合在一起进行。例如,器乐小组,指导教师可以根据学生的不同水平布置一些个人独立练习的内容。在学校开展的群众性活动中,可以布置学生独立进行某种活动,如小试验、小制作、小发明等。这些个人活动,能发挥学生的积极性、创造性,使学生的特殊才能得到充分发展。

总之,群众性活动、小组活动和个人活动这三种形式各有特点。在小学开展课外活动,可以把这三者有机结合,既能满足广大学生的要求,又能照顾满足个别学生的特殊要求。而这也正是全面发展和发展特长的要求所在。

(二)组织课外活动的基本要求

为了使课外活动能顺利、富有成效地开展,学校领导和教师在组织课外活动时要注意以下几点:

1.课外活动要有明确的目的和要求

课外活动是学校教育工作计划的一个重要组成部分,因此,学校对于课外活动的管理必须要制定规划和计划,进行系统管理。学期初始,学校应该把课外活动列入规划和计划中:要确定学校课外活动的工作目标和任务;明确全校以及班级课外活动的种类和要求;筹划课外活动所需要的设备和其他的硬件设施;还要考虑辅导员力量的配备;完成计划的时间;制定负责人等。在制订计划的时候,一定要立足于促进学生在全面发展的基础上发展个性特长,防止为了活动而活动。

2. 课外活动要坚持自愿选择的原则,充分发挥学生的积极主动性和创造精神

课外活动最大的特点就是不受课程标准和班级授课制的限制,有较大的灵活性,能够充分照顾学生的兴趣、爱好和特长,因此,应该让学生自愿选择自己喜欢的活动,不要强迫学生参加他们不喜欢的活动。

课外活动中要充分发挥学生的独立自主性。从活动的目的、内容、要求到选择活动的方式,从安排活动的具体步骤到组织实施,都应该在教师的指导下,引导学生开动脑筋,想办法去解决一些问题。在这个过程中要注意培养学生的独立自主精神和独立工作的能力。

3. 课外活动的组织尽可能丰富多彩,把教育性、知识性和趣味性结合起来

好玩好动是儿童的天性,因此,儿童喜闻乐见的课外活动形式可以激发儿童的兴趣,愉悦儿童的情绪,增加儿童的知识,激发儿童的积极性,发展儿童的主动性。所以,如何通过组织形式多样,内容丰富的课外活动来促进学生的发展,是我们必须认真对待并着力实现的问题。

组织课外活动时,第一,是活动内容的多样性。活动内容要兼顾学生多方面的素质发展和不同的兴趣爱好,使活动既有教育性,又有趣味性。如在制订活动计划时,既有思想教育方面的各种报告会、讲座和专题教育活动,又有学习方面的"智力竞赛"活动、航模竞赛活动;既有发展体能的球类比赛、体操比赛等活动,又可以组织图文并茂的"手抄报汇展"或者是"科技小制作"等。活动内容的多样性,使不同兴趣的学生都有施展的机会。第二,是课外活动形式尽可能多样性。小学生喜欢求知、求新、求实、求乐,因此,课外活动的形式要丰富多彩,变化新奇。如可以开故事会、讲英雄模范的事迹;可以用表演的形式,把音乐演奏小组的成果展现给大家;可以用展览的形式展示美术兴趣小组的作品;还可以通过竞赛的形式把各种学科兴趣小组的活动展示出来。第三,活动的组织方式也应多样化。除了集体活动,还可以是小组活动、社团活动甚至是三五个人自由结合的活动。兼顾学生的兴趣、爱好和发展需要,让活动更有实效性。总之,在组织课外活动过程中,班队工作者要注意照顾学生的广泛兴趣,活动要富有知识性,兼顾教育性,使得学生饶有兴趣,寓教于乐。

第四节　小学生安全教育管理

少年儿童的安全问题是关系到个体生命和社会发展的重大问题。在班级管理过程中,班主任工作千头万绪,除了例行公事以外,还会遇到很多班级突发事件和意外伤害事故。由于事出意外,班主任没有太多的时间去思考,更没有时间去做准备。因此,这是对班主任教育机智的考验。处理如何,直接关系到一个班级的稳定和班主任的威信。为了减少班级突发事件,我们只有去研究它,预防、减少甚至是避免它的发生。

一、班级突发事件

(一)班级突发事件的含义

班级突发事件是指在班级教育教学过程中发生的,事先没有预测到的、出人意料的不良事情和矛盾冲突。比如,学生之间发生纠纷、外来人员滋事、学生生病、师生之间发生小摩擦、学生丢失东西等。它直接影响和干扰教学活动的正常进行,往往带有鲜明的突发性、偶然性、变化性和急迫性。它之所以产生,不仅与复杂的社会环境有关系,而且与家庭、教师、学生自身都有着密不可分的关系。

班主任是班级的主要管理者,在遇到突发事件后,应立即做出反应,运用科学的方法来处理。突发事件处理得当,将会迅速平息事端,化干戈为玉帛,使学生在事件处理中受到深刻的思想教育,促使学生的身心向健康的方面发展。事件处理成功,也会无形抬高了教师的威信,使学生心悦诚服,增进了师生的情感。如果不能正确科学地处理突发事件,不仅会导致原有的矛盾激化,师生关系受阻,还会导致新的矛盾的产生等。这样,老师的形象、学校的形象,甚至整个教育的形象都会受到损害。有的还可能会发生极端事件,酿成极其严重的后果。

(二)小学班级常见突发事件的类型

班级常见的突发事件纷繁复杂,多种多样。根据冲突的性质,可以分为以下几种。

1.生生型——同学之间发生的突发事件

第一,吵架打架。在学校里,这种事情最为常见,往往由同学之间矛盾激化而引发。有发生在同班同学之间的,也有班级与班级之间的。既破坏学校秩序、扰乱班级稳定,又危害学生身心健康,需要引起班主任老师的高度关注。

第二,财物盗窃。这种事情多属于小偷小摸行为,害人害己。虽然属于少数学生所为,但问题既然出在学校,就需要学校加强班级管理,班主任老师要提高警惕。

第三,恶作剧。小学生因为身心年龄的不成熟,淘气、调皮、不懂事,往往容易做出戏弄同学、拿同学取乐或出气的事情。

2.师生型——发生在师生之间的突发事件

第一,言语顶撞老师。课堂教学或者课外活动中,由于师生之间意见不合或者是教师对问题处理不当或者是不合学生的意愿而导致的学生情绪急躁,与教师意见不一,发生言语上的不尊重或者故意和老师顶嘴的现象。很多小学生对老师不尊重,不把老师放在眼里,上课时与老师对着干,接老师的话茬儿,老师说东他们偏往西等。这类事件一旦发生,若不及时控制,很可能就会进一步造成师生关系僵局的结果。

第二,故意捉弄教师。在班级管理中,有些突发事件,不但事出突然,而且使人非常难堪,这类行为我们称为恶作剧。例如,有的学生喜欢在课堂上、在背后偷偷模仿老师的动作,引起全班的哄堂大笑;有的学生故意找很难的题目为难老师,让老师当众出丑;还有的学生故意在黑板上画老师的漫画或者是在讲台下面放东西,搞突然袭击,从中取乐等。

3.亲子型——亲子之间发生的负面突发事件

第一,家庭变故。家庭成员意外伤亡、父母离异等非正常的、学生主观意愿难以左右的家庭结构变化,往往会使学生思想与学习上的负担加重、生活上遭受冲击、身心健康受到威胁,危害严重。

第二,家庭矛盾。家庭成员的不理解与加压,往往会使小学生本身就不成熟的身心受到"挤压"。随着矛盾的白热化,学生学习生活受阻,班级管理问题增多。

4.家校型——家校之间发生的突发事件

这种冲突是指家庭与学校之间因沟通不畅而造成的冲突,包括语言冲突和肢体冲突。这些冲突往往影响到小学生生活的顺利进展,扰乱了班级管理的正常运行。

5.学生自身因素或其他无法预见的原因导致的突发事件

这类突发事件主要包括学生厌学辍学、离家或离校出走或者是无法预测的偶发性事件、意外受伤等现象。

逃学又称旷课,是指学生没有正当理由而拒绝上学。小学生中的逃学一般有两种:一是偶尔为之,二是反复长期的。逃学的学生一般是成绩较差者,没有学习的兴趣和目标。也有一部分是因为一些意外因素造成心理波动而产生逃学。离家出走是指没有告知家长或者和学校请假,私自离开学校或者家庭。如果遇到以上的情形,班主任应该迅速调查和该生关系密切的同学,获得必要的线索,分析出走的原因和可能的行踪,立即通知家长和学校的领导。如果有可能,要速派人到学生可能去的地方寻找,争取尽快找到。

在班级管理中,有时候也会出现意想不到的特殊情况,如正在上课,教室里进来一只大黄蜂,惹得学生一片惊呼和失措,场面失控;有时还会遇到偶发的不可预测的灾难性事件,如火灾、地震等。如果遇到以上的情况,教师应以学生的安全为重,及时对学生进行安全转移和疏散,并维持好现场秩序。鼓励学生沉着、冷静,共同互救,与老师积极配合,千万不要慌张而出现踩踏或推挤现象。

二、班级突发事件的影响因素

班级突发事件的形成与发生的原因是多方面的,既有客观原因,也有主观因素。归纳起来，主要有三个方面的原因：一是学生自身存在的问题，这是内因；二是教师的教育问题；三是周围环境的因素，后面二者是外因。

(一)学生自身的因素

班级中大量的突发事件和小学生的身心状况有着密切的关系，主要分为生理和心理两个方面的因素。

1.生理方面

进入小学，儿童的独立生活能力增强，要求参加社会活动的愿望也日渐迫切。无意识活动逐渐转向有意识活动。但是受到生理发展不成熟性的限制，小学阶段的儿童自控性还比较差，侵犯性行为随着年龄的增加由肢体攻击转向语言攻击和有目的的特殊攻击。因而，这一时期，小学生当中会出现给同学取绰号、取笑同学的行为以及相互间的打闹行为。进入中高年级，男女生之间的性别差异逐渐显露，男生更好动，喜欢尝试新鲜事物和探险，从而发生意外事故和突发性事件的机会大大增加[①]。

2.心理方面

引发突发事件的主要因素还有心理因素，主要包括获得关注、心理失衡和从众心理。

美国社会心理学家马斯洛需要层次理论指出，归属与爱的需要是人类的基本需要，因此获得爱与关注是很多小学生的追求。成绩好的同学凭借优异的学习成绩很容易获得老师的青睐和同学的好评，因而很容易获得心理上的满足。而一小部分同学受到各种因素的限制，即使付出了很大的努力也无法获得成绩上的关注。因而，这部分同学转而会以学习之外的方式获得老师和同学的关注。一个孩子如果在心理上确定了自己无法通过学业获得别人的关注，就会转向通过引人注意的行为去吸引人们的注意力。比如，上课时故意捣乱，故意干扰同学和老师；或者是标新立异，引起大家对他的注意。一旦他觉得这种行为也无法引起别人的

---

① 周勇.小学班级管理[M].南京:南京大学出版社,2020:51-57.

注意,他就会想法子去获得某种操纵局势的权力,不管是通过正当的或者非正当的手段。假如老师终止了他的做法,最后的结果就是他会因为深深的挫败感而开始寻求报复。

正如美国心理学家德莱库斯曾提出,孩子获得关注有四个实施目标:引人注意、获得权力、寻求报复和自甘落后。

心理失衡是指个体的愿望、需求得不到满足或者遭受挫折、经历失败时表现出来的一种心理上的不平衡甚至是紊乱的心理趋向。比如猜疑、嫉妒、虚荣、焦虑、自卑、羞怯等。小学生从小受家庭宠爱,容易养成自私、自负、狭隘等个性,一切以自我为中心,一旦遇到不顺心的事情,就会产生心理上的失衡。小学生心智还非常不成熟,稍微遇到一些挫折就不能接受,从而产生心理失衡,引发伤害他人或者攻击他人等行为。

从众行为是指个人在群体的压力下改变自己的意见转而与多数人取得一致认识的行为倾向。这种心理在中小学的校园生活中表现得非常突出。比如,组织一场球赛,因为失球,双方发生争斗;或者是组织某场重要的活动,因为围观而引发不必要的冲突和其他意外事故。

(二)教师的因素

班级突发事件中一部分冲突很大程度上取决于教师的教育,尤其是师生之间的冲突。具体有以下的原因:

1.师生价值观念的错位

虽然素质教育推行了多年,但不少学校仍然没有摆脱传统和升学教育的模式。单纯用学习成绩的优劣作为评价学生的唯一标准,导致一些学生价值观念错位;道德观念缺乏;盲目追求考试分数,当考试分数成为压力时,则失去心理上的平衡,这是校园突发事件的心理隐患。

在教育管理过程中,教师错误的学生观使得教师不能平等对待每一个孩子,尤其是学困生、家庭困难的学生和品德不好的学生。教师如果流露出反感、歧视的态度,将会很大程度上伤害学生的积极性、自信心。学生在消极的自我评价中会出现很多不良的消极心理和失衡状态,容易引起突发事件的发生。

2.教师管理的问题

教师的管理不当主要表现为教师管理观念落后和管理方式不适合孩子。教师的管理观念落后主要是指教师在管理过程中对管理的管制和灌输,缺乏人文性和人本主义精神,缺乏法制观念和理性精神,凭经验和感情用事。这样学生体验不到成功的乐趣,容易出现对立和问题。

美国心理学家勒温和怀特提出教师管理学生的四种方式的分类标准:专制型、民主型、保守型和放任型。因此教师在管理过程中,要么专制、要么保守、要么放任自流。专制型管理让学生感觉压抑,方式独断,不尊重学生的人格和权利,容易导致师生之间冲突、逃避、撒谎,甚至是负气出走。放任型教师则对学生不管不问,任其所为。尤其是对学困生或者问题学生简单粗暴,漠视学生的存在,导致学生为了引起关注而故意恶作剧、找碴儿甚至与教师对着干,形成了潜在的班级突发事件的诱因。

3.教师教学水平低,教学行为失衡或者偏差

教师对待工作不认真,或者是因为教学能力和水平有限,导致教学目标不合乎学生实际。教学内容过易过难,教学方法和手段单一,表达含混不清或者是逻辑混乱,从而使学生对学习产生厌倦和烦躁心理,注意力分散。因此,在课堂上出现斗嘴吵架打架甚至其他纠纷也就在所难免了。

(三)环境因素

环境因素主要有家庭、社会和学校等多方面的影响。

1.学校因素的影响

校园大部分突发事件都能看出:现实中很多学校存在着防范意识不强、安全保护意识缺乏、疏忽大意的情况。很多学校领导视教学为唯一,偏废安全管理,学校安全制度不健全,责任不到位等,为校园突发事件的发生埋下了许多隐患。还有些学校管理存在漏洞,对硬件设施和重要的场所及设备,如实验室、语音室、微机室、电化多功能室、图书馆、宿舍、传达室、校门等缺乏针对性的管理,工作松懈。多地发生的校园伤害案很大原因就是门卫玩忽职守和制度不健全导致的。然后,课堂内部因素也是一个重要的影响源。课堂中的温度、色彩、光线、座位的编排方式都会

对学生产生一定的影响。早在20世纪30年代，英国生理学家沃勒就做过类似的研究：坐在前排的学生在学习上会更多地依赖教师，坐在后排的学生则会不间断出现捣蛋和不听讲的问题行为。

2. 家庭的不良影响和管理上的疏忽

家庭是孩子的第一个课堂，家长是孩子的第一任教师。良好的家庭教育可以弥补学校和社会教育的缺失。一旦家庭教育出现问题，也会在一定程度上导致班级突发事件的出现。

现实中，家长中存在着很多教育观念的误区：有的忽视孩子的发展需要，一味强调成绩；有的随意打骂孩子，不尊重孩子的人格；或者是补偿教育、代受教育、神童教育等观念复杂地交织于家长的内心。隔代家庭对孙辈的影响更是溺爱大于教育、包办代替、百依百顺，感情大于理智。最终的结果是孩子自私、任性、虚荣、意志薄弱，缺乏独立能力和团队合作意识。一旦在教育过程中不如意或者受挫，很容易走向极端而导致突发事件的出现。

另外，一些家庭教育的环境存在问题，还有一些家庭生活方式、人际关系和心里气氛不正常，这也会对孩子产生很大的影响。

3. 社会因素的影响

社会大环境发展带来的不稳定因素成为诱发青少年产生不良行为乃至违法犯罪行为的重要原因。学生来自不同家庭，其家长对孩子的影响自然不同；学生经历不同和接受教育不同，对问题的认同会产生偏差。这些都是不稳定的因素。

（1）网络和大众传媒的影响

现当下是信息社会，网络和大众传媒成为了当代儿童学习和交往的重要平台。但是，大众传媒和网络也是把双刃剑。面对大量的信息，小学生和成人一样会自觉不自觉地接受暴力的价值观和行为规范，用于处理日常事务或人际关系。学生耳闻目染，潜移默化地接受这些影响，这些处理问题的行为也会延伸到学校甚至课堂。久而久之，儿童会自觉不自觉地模仿其中的解决问题的方式和行为：遇事简单、暴力解决、好攻击，这成为小学班级突发事件的重要影响因素。

（2）不良的人际交往带来的负面影响

小学生的社会化进程离不开对成人的模仿。俗话言：近朱者赤，近墨者黑。关系越密切，发生模仿的可能性和模仿的强度越大。小学生自控能力比较差，明辨是非的能力还比较薄弱，如果结交了不好的朋友，就会沾染恶习，误入歧途。

（四）不确定因素

不确定因素是指不可预料、不可克服、不可推测的因素和事件的影响。例如，地震、火灾或者是公共设施的毁坏导致学生出现意外事件；如教室里突然飞进来一只小鸟，课堂教学秩序被完全打乱；某个同学不小心从窗台上跳下来摔伤了腿等。

总之，导致班级突发事件的因素很多，也非常复杂。班主任应根据具体情况，及时做出准确判断并采取合理有效的措施，以增强解决问题的实效性，确保班级突发事件在最短时间内获得快速的解决。

三、班级突发事件的处理

（一）班级突发事件的处理原则

1. 冷处理原则

冷处理原则是针对班主任自身而言，是处理突发事件的基础和前提。在处理突发事件时，班主任不要急于表态和下结论，要注意弄清楚事情的来龙去脉，切不可盲目草率。尤其是在发生师生冲突时，要求教师要具有很高的教育修养和心理调控能力，要豁达、宽容，具有一定的忍耐力。

2. 随机应变原则

随机应变是指面对突发事件，班主任应该在第一时间内平息事端，让当事人冷静，为思考下一步的解决策略延缓时间。如果过于突然，无法应对时，也可采取转移话题、暂时回避的原则，等事情平息，再作处理。

3. 公平民主原则

公平民主原则是在处理学生与学生之间的冲突时必须要注意的。教师应该就事论事，以客观事实为依据，秉公处理，不要偏袒，不要用有色眼镜看待学困生和后进生。在解决问题时,教师和学生的人格是平等的,不要用师长身份去压制学生,而应该给学生留出思考的余地和对话的空间,让他说出真实的想法。然后教师再根据具体的情况做出裁决和判断。

4.总结引导原则

总结引导原则就是我们经常讲的教育性原则,是处理突发事件的首要原则。处理突发事件的主要目的是教育学生,息事宁人。因此,班主任要本着解决问题为表,促进班级工作和学生身心健康发展为本的思想,去引导学生分析问题,寻找解决问题的契机。

切记不要压制学生,不要怪罪学生,因为解决和处理突发事件本身就是一个教育过程,这并不违背教育的本质。

(二)班级突发事件的处理策略

在班级管理过程中不可避免地会遇到各种突发性事件,从这种意义上,突发事件也有自己的规律可循。美国学者威廉·华顿柏的班级突发事件的"诊断性思考"值得借鉴和思考。突发性事件的"诊断性思考"主要内容包括:善于观察,注重预感;收集事实,分析隐藏因素;采取行动,保持灵活。

1.善于观察,注重预感

在日常班级管理中,班主任要做个有心人,有敏锐的洞察力和直觉意识、问题意识,能对学生中出现的一些信息做出及时而有效的判断。如果发现学生的某些方面异常,班主任就应该根据自己的判断意识到可能出现的危机,并及时采取果断而有效的措施,做到防患于未然。当然,预感也不是凭空而来,而是基于班主任长时间的对班级的了解和熟悉,对班级工作的细心和责任,才会有这种对特殊讯息的逻辑推理。

2.收集事实,分析事件隐藏的原因

"突发事件"发生后,班主任要立即收集事实,做出分析,尤其是参与事件的学生背景资料、心理道德状况、事件导火线等。具体可以从以下几点做出分析:①突发事件的主角是谁? 平常的表现如何? ②主角的

动机是什么？③班级学生的反应如何？④突发事件和教师有何联系？⑤如果对事件处理，学生会有什么反应？⑥纠正行为发生以后，可能会对学生后来的行为产生什么影响？

3. 采取行动，保持灵活性

当班主任基本弄清楚事件发生的事实、动机和隐藏因素后，就可以给自己提出一个解决问题的假设：提出一个解决的策略，效果如何？根据具体的效果调整对策或者是优化对策。针对班级突发事件的不同类型要采取不同的对策和措施。

（1）对一般突发性事件，当事人要说服为主，促成互相谅解

针对小学生看问题比较片面、好冲动的特点，要引导学生从不同角度和立场去看待问题，尽量引导学生设身处地站在对手的角度去体谅和理解。为了缓和气氛，班主任可以暂时顺应双方，承认其合理的一面，等到气氛缓和，对方冷静下来以后，再引导学生说出各自的动机。在此基础上，进行逆向推理，使其认识到自己的问题，不再责怪对方，为后续调节创造心理条件。

（2）对于吵嘴、打架等小事件的处理要因事因人不同

吵嘴、打架的原因各不相同，班主任要采取不同的处理方式：对于以大欺小、以强欺弱者，班主任要严肃批评教育，责令其改正；对于保护弱小、主持公道打架的学生，要肯定同时指出合理的解决方式；对于因被打而反抗的学生，班主任要酌情做出处理。总之，班主任一定要客观公正，秉公处理。

（3）集体问题，当场处理

有些突发事件会牵涉到班级很多学生，如上课时很多同学在做和上课无关的事情，致使课堂秩序混乱，无法进行下去。此类事件，教师要当场对全班同学进行处理教育。特殊情况下，可以找出带头的学生做出处理。

（4）局部或者是个别问题，要大事化小、小事化了

有些突发事件出现在局部或者是只影响到少数学生，一般只要做个

别处理就可以了。例如,学生个体的违纪行为没有影响到其他同学时,教师可采用暗示方法。如走到一个正偷看小人书的学生跟前,轻轻地咳嗽一声,或者轻轻敲一下课桌。这样,学生自然心领神会,便会自动放下小人书,投入学习活动。此外,教师还可以用眼神动作和表情示意,也可以用提问等方式,提醒学生注意自己的行为。

(5)师生冲突,沉着冷静

当其他学科教师与学生之间因为小事引发争执甚至冲突时,班主任要冷静处理,保证正常的上课秩序,在调查了解的基础上,做出善后处理。处理这类事件,班主任要注意方式方法,不要让学生觉得自己受了委屈,也不能让其他学科教师感觉班主任偏袒学生。

总之,班主任处理突发事件并没有包治百病的药方,主要靠教师对学生的信任、尊重,友好、冷静的态度以及高超熟稔的教育机智。

第四章　小学教育管理的教师管理工作

第一节　小学教师管理概述

教师是一所学校最重要的人力资源。拥有高素质的教师队伍,充分发挥教师的能动性,是所有学校实现教育和管理目标的根本保证,也是学校发展的活力源泉。

一、小学教师的角色

作为专业的教育工作者,教师拥有特殊的职业角色。小学教师的工作对象是小学生,由于小学生年龄小,身心发展具有特殊性,因此,小学教师的角色应符合小学生的年龄特点。

（一）"家长代理人"角色

在许多小学生和家长眼里,教师扮演的是家长代理人的角色。小学教师是儿童在父母之后遇到的另一个社会权威。许多家长认为,把孩子送到学校,也就将管理教育孩子的责任部分地移交给了教师。小学生在学校里,也常常会把许多与父母相处的行为模式、经验、体会等,迁移到与教师的交往中,把对父母的期望转移到教师身上。因此,教师应时刻关注小学生的各种心理感受、身心各方面的各种细微变化,保证小学生在学校的安全,给予小学生家庭式的关怀与耐心的帮助。

（二）"学生楷模"角色

基于小学生身心发展的年龄特征,模仿是小学生学习的主要形式。同时,小学生对教师有一种特殊的信任感,小学教师最容易成为学生认同与模仿的对象。小学生往往把自己尊敬爱戴的教师视为模仿的楷模,有意无意之中向教师学习，这是小学生的一种心理特征。教育心理学的研究表明，在整个教育情境中，教师的仪表体态、言行举止、举手投足、容貌服饰等，都有可能成为学生模仿的对象。教师的一言一行、一举一动都可能对学生产生很大的示范作用，并对学生的心灵产生深刻而久远的影响。因此，小学教师更要强调身教重于言传，学校要对教师的个人行为与形象做出严格要求。

（三）"学习的促进者"角色

21世纪的教育，要求教师不但要向学生传授基础知识与基本技能，更要让学生体验获得知识的过程，掌握获得知识的方法，培养创新的意识和能力。这就要求教师在教学实践中由过去的"教"学转为"导"学，不仅是知识的传授者，更应成为学生学习的促进者。教师成为学习促进者，需要做到：帮助学生形成正确的学习态度；指导学生自主学习，使学生掌握自主学习的方法，提高自主学习能力；指导学生制订切合自身实际的学习计划，并获取相应的学习方式；帮助学生掌握运用现代信息媒体获得知识的手段和方法等。

（四）"灵活的组织者"角色

由于信息媒介的多样化，小学生获取知识的渠道也具有了多样化的特点，其在学习过程中的自主性越来越突出，甚至传统的诸如选择教学内容、教学时间和教学方式等被教师垄断的活动，学生也有了自主参与的机会。随着社会的发展，小学生的民主、平等意识较之前有很大提升，小学生与教师的交流也更多地采用平视、平等的态度。小学教师必须由传统的通过严格管理、以权压人的"严格管理者"角色，转变为引导学生开展活动的"灵活的组织者"角色。

（五）"心理辅导者"角色

美国学者杜伯伦认为教师应为一个健康的社会培养健康的公民，即教师应拥有心理保健工作者的角色。社会的迅速变迁，物质生活水平提升，导致未成年人心理发展速度加快，学业压力增大，小学生的心理问题呈上升趋势，尤其是小学高年级的学生，往往面临很多问题的困扰。小学教师应该承担起心理辅导者的角色,在教育教学过程中,依照心理健康教育的原则,充分了解每个学生的情感、意志、能力、气质、性格等特征,尊重学生的人格,维护学生的自尊心,消除学生的紧张和焦虑情绪,有的放矢地实施教育,保证学生健康发展。

(六)"终身学习者"角色

终身学习是21世纪的生存理念,对教师这一职业而言,更是如此。教师应该成为终身学习的实践者和楷模。社会在发展,知识领域在不断扩展和更新,教材在不断更新、改革,学生的认识水平也在不断提升,教师只有通过不断的学习,才能提高课堂教学的效率。小学教师要不断学习现代教育理论知识,研究基于网络环境下学习者的认知规律,更好地创设教学情境,研究如何提高学生的思维能力、创新能力及解决问题的能力等,并能够对网络教学资源进行评价、改善和充实。

二、小学教师管理的一般流程

教师职业的入口是取得教师职业资格。学校对教师的管理是从具有教师资格的人员中,公开招聘和选拔适合的人员,录用到所需岗位,待教师工作一定时间后,依据学校的管理制度,对教师的工作业绩进行考核与评价,并依据评价的结果对教师实施奖惩及对教师进行有针对性的培训,以促进教师不断提高工作绩效,促进教师专业化发展。所以,小学教师管理的一般流程包括五个环节:获取教师资格证书;教师的聘任;教师的使用;教师评价;教师专业发展与培训①。

(一)小学教师的资格控制

1995年,国务院颁布了《教师资格条例》,开始实行教师资格制度。2000年,教育部发布了《〈教师资格条例〉实施办法》,这标志着全国实施教师资格制度工作的正式启动。

我国教师资格制度是国家对教师实行的特定的职业许可制度。教师资格是国家对专门从事教育教学人员的最基本要求,是公民获得教师

---

① 金颖. 以人为本视域下的小学教师管理研究[D]. 南充:西华师范大学,2018:11-17.

岗位的法定前提条件。教师资格制度全面实施后,只有依法取得教师资格、持有教师资格证书者,才能在教育行政部门依法批准举办的各级各类学校和其他教育机构中从事教育教学工作,不具备教师资格者不能从事教师职业。但是,教师资格只是从事教师工作的必要条件,而不是充分必要条件。具有教师资格,并不意味着一定会被聘为教师,只有被学校或者其他教育机构聘任后,才能成为教师。

我国法律规定,教师资格分为幼儿园教师资格、小学教师资格、初级中学教师资格、高级中学教师资格、中等职业学校教师资格、中等职业学校实习指导教师资格、高等学校教师资格七种。教师资格条件包括中国公民身份、思想品德条件、学历条件和教育教学能力条件四个方面。申请教师资格的人员必须同时符合上述几种条件,经过法定程序申请认定教师资格。

(二)小学教师的聘任

当前,我国义务教育阶段普遍实施的是教职工聘任制。所谓教职工聘任制,是指聘任双方在平等自愿的前提下,依法由学校或者教育行政部门根据教育教学岗位的设置,聘请有教师资质或教学经验的人,担任相应教师职务的一项教师任用制度。

签订聘用合同,既明确了教职工的权利、义务,也为学校建立了一支合格、稳定的教师队伍。实施教职工聘任制,对提高学校办学自主性,调动广大教师教书育人的积极性,提高教师的社会地位和待遇,提高教育和教学质量,推动学校内部管理体制改革,促进教师合理流动,增强教师队伍活力,都具有重要意义。

1.教师聘任制的形式

教师聘任制依其聘任主体实施行为不同,可以分为以下几种形式。

第一,招聘。即用人单位面向社会公开,择优选择具有教师资格的应聘人员。

第二,续聘。即聘任期满后,聘任单位与教师继续签订聘任合同。

第三,解聘。即用人单位因某种原因不适宜继续聘任教师,双方解除合同关系。

第四,辞聘。即受聘教师主动请求用人单位解除聘任的合同行为。

2.我国小学教师岗位的划分

2015年人力资源和社会保障部、教育部印发的《关于深化中小学教师职称制度改革的指导意见》中,将原中学和小学教师相互独立的职称(职务)制度体系改革为建立统一的中小学教师职务制度,教师职务分为初级职务、中级职务和高级职务。原中学教师职务系列与小学教师职务系列统一并入新设置的中小学教师职称(职务)系列。统一职称(职务)等级和名称:初级设员级和助理级;高级设副高级和正高级。员级、助理级、中级、副高级和正高级职称(职务)名称依次为三级教师、二级教师、一级教师、高级教师和正高级教师。

3.教师聘任的程序

第一,学校在科学地设置教师职务的结构比例后,面向校内外公布教师职务岗位和具体的岗位职责、招聘条件,公开招聘教师。

第二,成立教师职务聘任委员会,负责对应聘人员进行思想、教育教学能力考察和学术技术水平能力评议。

第三,校长作为法人代表独立行使聘任教师的权利,不受任何行政和个人干预;学校成立专门机构,协助校长进行本单位教师职务聘任工作。

第四,学校和受聘人员达成聘任与应聘的一致意见后,双方签订聘任合同,合同载明聘任期限、双方权利与义务、待遇和违约责任等条款,作为双方的约束。

4.新课改背景下教师聘用的变化

新课改对小学教师提出了新的要求,体现在教师选聘过程中也发生了一些变化。具体表现在:甄选新教师的着眼点,由候选人静态的档案材料转向候选人的动态表现;招聘新教师的着眼点,由候选人的学科对口转向对候选人的多科要求,由候选人的单一教学能力转向候选人的教学、科研、组织、人际等多重能力;在教师岗位聘任中,也由重资历转向重能力,由重资格转向重实绩。

5.教师聘任制的要求

教师聘任制在教师队伍建设中的作用是显而易见的。做好教师聘任工作必须遵循的要求是:第一,公开、平等、竞争、择优;第二,聘任程序科学化、规范化。

目前,受国家相关方面改革不配套的制约,教职工聘任制尚未全面发挥作用。随着社会主义市场经济体制的建立和国家人事制度改革的深化,聘任制将会逐渐趋于完善,越来越显示出它的优越性,最大限度地发挥其在教师管理与队伍建设中的作用。

(三)小学教师的合理配置与有效使用

1.量才使用

用人就要用其所长,避其所短。每位教师都有自己的优势,学校管理者应认真分析每个教师的特点,在使用中做到人尽其才,才尽其用,最大限度地发挥每位教师的积极性和创造性。把合适的人放在合适的位置更能激发其潜能,达到事半功倍。

2.合理协调教师队伍结构

结构决定功能,合理的结构可以有效提升队伍的整体功效。合理的教师队伍结构不但能够充分发挥单个教师的优势,还能在整体上产生良好的管理效果,发挥教师的集体优势。

3.重新进行工作设计

根据小学教师的身心特点和职业要求,重新设计工作流程,尽可能使工作丰富化,不断提高工作效率。同时注重工作环境的设计,为教师创设一个舒适的工作环境。

(四)小学教师的评价

教师评价是指教育行政部门或学校,依据一定的标准,对教师的工作状态和工作成就做出判断和评定的过程。教师评价的目的主要有两个方面:一是提高教学效能;二是促进教师专业发展。教师评价在教师管理中具有重要作用,它可以作为人员晋升、工作反馈、岗位调整、解聘等的依据,可以借此了解教师的工作能力,也可以用来设计有效的教师培训计划。

1.教师评价的基本模式

教师评价的基本模式分为奖惩性教师评价和发展性教师评价两种。

奖惩性教师评价又称"绩效管理型教师评价""行政管理型教师评价"或"责任模式",以加强教师绩效管理为目的,根据对教师工作的评价结果,做出解聘、晋级、增加奖金等决定。奖惩性教师评价着眼于教师个人的工作表现,特别注重教师在评价之前的工作表现。

发展性教师评价又称"专业发展性教师评价"或"专业发展模式",以促进教师的专业发展为目的,在没有奖惩的条件下,通过实施教师评价,达到教师与学校共同发展、个人与组织共同发展的双赢结果。发展性教师评价不仅注重教师个人的工作表现,而且更加注重教师的未来发展和学校的未来发展。

奖惩性教师评价把学校等同于企业,一味注重外在奖励;而发展性教师评价,虽然有助于教师的专业发展和构建和谐的组织文化,但是完全与奖惩脱钩,不利于管理的闭合性。因此,两种基本模式各有利弊,在教师管理实践中综合使用效果更佳。

2.教师评价的维度与指标

参照教师的职业性质和专业化要求,教师评价的维度应包括三个方面:第一,是教育维度,即从教育者的角度考察教师的素质、表现和成就。第二,是学习维度,即从学习者的角度考察教师的终身学习的意识、终身学习的能力、不断自我完善的表现和成绩。第三,是创造维度,即从创造者的角度考察教师的创新精神、创造才能和革新成就。

美国当代教育管理学家萨乔万尼认为,教师评价指标应从知识、当前能力、未来意愿和未来发展四个层面设计。在知识层面,主要考察教师是否具有如何去做的知识;在当前能力层面,主要考察教师是否有能力去实践知识;在未来意愿层面,主要考察教师是否具有保持并发展已有能力的意识和愿望;在未来发展层面,主要考察教师是否具有专业上持续发展的能力和行动。

3.教师评价中的三对关系

做好小学教师评价,应有效处理下列三对关系。

(1)显性与隐性的关系

教师的工作包括显性工作和隐性工作两大类。显性工作主要有教师的出勤、任课节数、所教班级的成绩、发表文章的数量、参加进修情况等。隐性工作主要指对学生的日常品德教育、心灵陶冶,课堂教学中对学生思想的引导、品德的熏陶等。

教师的显性工作容易记载,而教师的隐性工作常常难以计量。因此,在教师评价实践中,既要关注教师的显性工作,更要重视教师的隐性工作。

(2)定量与定性的关系

从一定意义上说,教师的工作质量需要通过一定的工作数量表现出来,一定的工作数量是工作质量的基础。从这一角度出发,教师评价的指标应当尽可能数量化。

然而,教师在日常的教育教学过程中还有大量无法计量的隐性工作。因此,教师评价中除定量分析之外,还要坚持定性分析,并将两者很好地结合起来。

(3)结果与过程的关系

在中小学的教师评价中,容易陷入的一个误区是,往往只重视教师的工作结果而忽视工作的过程。实际上,工作结果产生于工作的过程中。只重视结果,易导致为获取结果而急功近利或不择手段,所以,小学教师评价中,必须注意工作结果与工作过程并重,尽力对教师的表现做出客观公正的评价。

(五)小学教师的专业培训

《中华人民共和国教师法》明确规定,我国中小学教师属于专业人员。专业人员需要专业发展,教师培训是教师专业发展的重要途径。

教师培训可以分为校外培训和校本培训两大类别。

1.校外培训

校外培训是一种将教师送到有关的大学、教育学院或教师进修学校进行再学习的培训方式。教师的校外培训从具体学习方式上可以分为脱产和不脱产两种，从培训的性质上可以分为学历教育和非学历教育两种。

2.校本培训

所谓校本培训，是指由小学自主组织，基于小学实际情况，为了本校发展，在小学中自主实施的教师培训。校本培训可以聘请大学或学院有关专家参与设计，针对学校实际，制订培训方案。校本培训的形式可以是讲座，即请校外专家到校定期开设系列讲座，讲座内容由学校和专家商定；也可以请大学有关院、系单独为本校开课程班；还可以自己组织，由本校优秀教师介绍教学心得，或定期观摩课堂教学等。校本培训的优点是，能够针对学校实际情况，培训的实效性突出。同时，由于这种培训是学校自行策划、自行组织的，培训费用相对比较低，培训的受益面比较广。其缺点是，培训组织工作有一定难度，对师资条件不太理想的学校来说，培训质量很难得到保证。

第二节　小学教师素质提升

随着教育改革的不断深化，教育发展中出现的新情况和新问题不断对教师提出新的要求。俗话说"打铁还需自身硬"，要适应互联网时代小学生的需要与特点，教师就必须不断提升自己的专业素质。

一、小学教师素质的概念

教师素质，是指能顺利从事教育活动的基本品质或基础条件。小学教师素质是小学教师在职业生活中，调节和处理与他人、社会、集体、职业工作等关系中应遵守的基本行为规范或行为准则，以及在此基础上表现出来的观念意识和行为品质。

一名合格的教师应该具备多方面的专业素质,概括起来包括四个方面,即专业知识、专业技能、专业情意和专业精神。这四方面的发展水平决定了教师专业发展水平的高低。

二、小学教师应有的职业素质

(一)专业知识

小学教师的专业知识包括通识性知识、本体性知识、条件性知识和实践性知识四个方面。

1.通识性知识

通识性知识,即通常所说的一般科学文化知识。小学教师每天都在面对几十个充满好奇心,随时会提出各种问题的小学生,要有效应对他们的需求并能进一步激发他们的求知欲,教师就必须具备广博的科学文化知识。小学教师必须坚持不断地学习来提升自身的科学文化知识水平。

小学教师必备的通识性知识应当包括以下几方面。

第一,哲学类,如中国传统哲学、西方哲学、科学学、科学研究方法通论等。

第二,自然科学类,如物理学、化学、生物学等。

第三,技术方法类,如体育技术、保健方法、计算机技术、应用文写作技术等。

第四,人文类,如历史学、社会学、政治学、经济学、文化学、伦理学、地理学等。

第五,艺术类,如书法、音乐、舞蹈、戏剧、摄影、绘画、文学欣赏、影视评论等。

第六,综合类,如语文、数学、外语等。

2.本体性知识

本体性知识是指小学教师具有的或擅长的特定的学科知识,如语文知识、数学知识等。本体性知识是教师知识的"主干""核心"部分,也是教师职业身份的标志。一位教师的专业知识,首先是精通自己所教的学科,掌握本体性知识,能够准确无误地把本学科的知识传授给学生。扎实的本体性知识是教师的教育教学工作取得成功的基本保证[①]。

3.条件性知识

教师的条件性知识,主要由帮助教师认识教育对象、开展教育教学活动和教育研究的专门知识构成。在教学中,条件性知识涉及教师对"如何教"问题的理解。在教与学的领域中,教学过程被看作教师将其具有的通识性知识和本体性知识转化为学生可以理解的知识的过程。在这个过程中,教师遵循教育学和心理学的规律,来思考通识性知识和本体性知识,即对通识性知识和具体的本体性知识做出教育学和心理学的解释。例如,如何处理教材,如何激发学生的学习动机,在课堂中如何组织、设计和实施评价等。因此,教育学与心理学知识被称为教师成功进行教育教学的条件性知识。

4.实践性知识

以上三种专业知识的简单叠加并不能形成教师完整的知识结构,也不能带来教师专业素质的提高和发展,它们还必须由实践性知识进行整合,最终内化为教师的专业素质。实践性知识是指教师真正信奉的,并在其教育教学实践中实际使用和表现出来的对教育教学的认识。具体地说,它是教师教学经验的积累。比如,教师在教学中运用教育机智妥善地处理突发事件,巧妙地化解矛盾,保证教学顺利进行等,均是实践性知识运用的结果。

(二)专业技能

专业化的教师需要拥有从事教育教学工作的基本能力和技能。教师的专业技能是指教师在教学过程中,运用一定的专业知识和经验,顺利完成某种教学任务的活动方式。它可以分为教学认知能力、教学操作能力和教学监控能力三个方面。

---

①陈林,张树苗.小学教师必备素质:课堂管理能力[J].黑龙江教育学院学报,2019,38(5):28-30.

1. 教学认知能力

教学认知能力,是指教师对所教学科的定理法则和概念等,以及对所教学生的心理特点和自己所使用的教学策略的理解水平。

2. 教学操作能力

教学操作能力,是指教师在教学中使用策略的水平。其水平高低主要取决于如何引导学生掌握知识、积极思考、运用多种策略解决问题,具体包括制定教学目标的策略、编制教学计划的策略、选择和运用教学方法的策略、选择设计教学材料和教学技术的策略、课堂管理策略、教学效果评价策略等。教师综合运用各种策略解决各种问题和冲突的能力常常表现为教育机智,这是教师面临复杂的教育情境时表现出来的机敏、迅速而准确的判断和反应能力。它源于教师敏锐的观察、灵活的思维和果断的意志,也源于他们教育经验和知识的积累,以及对学生的了解和关爱。

3. 教学监控能力

教学监控能力,是指教师为了保证达到预期的目的,在教学的全过程中,将教学活动本身作为意识对象,不断地对其进行积极主动的计划、检查、评价、反馈、控制和调节的能力。

教师的专业能力结构中,教学认知能力是基础,教学操作能力是教学能力的集中体现,而教学监控能力是关键。

(三)专业情意

教师的专业情意日益受到人们的重视。它涉及态度、价值观、信念、兴趣和自我意识等方面的内容。

1. 专业信念

教师的专业信念,是教师对成为一个成熟的教育专业工作者的向往与追求,它为教师提供了奋斗目标,是推动教师专业发展的巨大动力。具有专业信念的教师,对教学工作会产生强烈的专业认同感和投入感,抱有强烈的专业承诺,致力于提高专业才能及专业服务水平,努力维护专业的荣誉和形象。

2.专业情感

教师的专业情感,是教师专业发展的关键。一个好的教师必然热爱自己的职业,对教学抱以极大的热情,只有这样,他才可能积极地投入教学工作中去。教师在课堂教学中的情感投入主要表现为:对学生负责,为人师表,不断自我提高,与学生建立良好的信赖关系等。

3.专业性向

教师的专业性向,是指教师成功进行教学工作所具有的人格特征,或者说适合教学工作的个性倾向。美国著名职业指导家霍兰德的职业生涯理论把从业者划分为六种类型:实际型、学者型、艺术型、社会型、事业型、常规型。他认为,社会型劳动者喜欢从事为他人服务和教育他人的工作,其个性比较适合做教师。

(四)专业精神

教师专业精神,是教师专业素质中不可或缺的部分,是教师在专业活动中充分表现出来的风范与活力,是教师专业发展得以巩固、深化和发挥的动力,是教师内在素养在专业活动中的外在表现,是教育教学质量稳步提高的重要保证。根据教师的专业性质和专业发展的过程,教师的专业精神包括以下三个方面。

1.专业道德

教师专业道德是教师专业精神的核心,也是教师专业的基本规范,是作为教师必须具备的最起码的专业精神。我国《中小学教师道德规范》即是这种专业道德的具体体现。

2.专业认同

教师专业认同是指教师对自己所从事的专业活动的态度或价值倾向性。专业认同是"专业性职业"共同的特征。教师的专业认同表现为对教育事业的热爱,对学生的热爱,对国家、社会和人民未来的高度责任感和使命感,以及因体验到较高的教学效能感和获得自我实现的满足而产生的自豪感。

3.专业追求

专业性的职业都要求从业人员对专业精益求精,不断追求专业提升与发展。专业追求是教师专业精神的要求。当教师将自己的职业活动提升到专业层次的高度加以自我审视的时候,就会通过自觉不断的勤学和进取来维护专业尊严,赢得社会的尊重。教师作为专业工作者也有义务通过不断追求自身提高和专业发展,通过自己的专业发展增强专业的不可替代性。

第三节　小学教师激励管理

一、小学教师激励的概念

激励是一种激发人类行动潜能的过程。在心理学中,激励主要是指激发人的动机,使人有一股内在的动力,朝向所期望的目标前进的心理活动过程。其实质是调动人的积极性、主动性和创造性。小学教师激励就是小学管理者采取适当的方式,激发小学教师的工作热情和积极性、创造性,鼓励教师为实现教育教学目标而努力奋斗的一种管理活动过程。

二、小学教师激励的方式

(一)物质激励

物质激励是指通过物质刺激的手段,鼓励教师工作。物质需要是人类的第一需要。与其他社会成员一样,教师同样需要生存和发展的必要物质条件。要通过物质激励,满足教师日益增长的物质需要,稳定教师队伍,调动教师积极性。物质激励的内容包括:加强学校办学硬件建设,加强校园环境美化建设,改善教师办公条件,提高教师福利待遇。其中,提高教师福利待遇是常用且重要的手段,其主要表现形式有:正激励,如发放奖金、津贴、福利等;负激励,如扣发奖金等。

（二）目标激励

目标激励是指通过设置科学合理的学校发展目标,让教师看到未来美好的前景,并将这一前景与教师当前的工作学习和未来的个人发展联系起来,从而激励教师为实现预定目标而积极投身于学校的各项工作。实施目标激励最重要的是制定合理的目标,目标过高或过低都不会有激励作用。同时要注意将学校目标与教师的个体利益相联系。

（三）参与激励

现代人力资源管理的实践经验和研究表明,小学教师有着强烈的参与学校管理的要求和愿望。参与管理可以有效满足教师自尊和自我实现的需要。所以,创造和提供机会让教师参与学校管理,是调动教师积极性的有效方法之一。

（四）情感激励

情感激励是指学校领导通过谈心、家访、探病、交朋友等方式,与教师建立正式或非正式的情感联系,了解他们的发展愿望和遇到的种种困难,真诚地帮助他们解决问题,从而调动教师工作积极性的方式。

（五）榜样激励

榜样激励是通过领导者的以身作则和率先垂范,或通过发现、总结和宣传校内先进人物的典型事迹,为广大教师提供积极工作、努力进取的参照和范例,从而激发教师效法榜样奋发向上的动机。其中,校长和学校管理者作为榜样的激励作用最突出。

（六）工作激励

为了更好地调动教师工作积极性,管理者要考虑如何才能使工作本身更有内在意义和挑战性,满足教师的自我实现感。管理者可通过工作设计,使工作内容丰富化和扩大化;可通过教师与岗位的双向选择,使教师对自己的工作有一定的选择权;可通过对教师特长的把握,把教师放在适合的位置上;可通过工作轮换,增加教师的新奇感,使教师面对更大的挑战,诱发教师工作的积极性、创造性[1]。

(七)荣誉激励

荣誉是众人或组织对个体或群体的崇高评价。荣誉激励是通过授予称号、表彰业绩等手段,调动教师工作积极性的方式。荣誉激励是满足教师自尊需要、激发教师奋力进取的重要手段。

三、小学教师激励的原则

(一)公平公正

若要激励真正发挥调动教师积极性的作用,就必须坚持公平公正的原则。无论是激励制度的制定、激励对象的确认,还是激励方法与手段的选择,都要使全体人员感受到公平公正。

(二)物质激励与精神激励相结合

在小学教师激励中,物质激励是使用非常普遍的一种模式,发挥着重要的作用。但因其自身的局限,若将物质激励运用过多过滥,则会产生很多消极作用。单纯的物质激励不仅会占用小学原本不多的经费,而且还会导致教师追求物质心理。

为此,小学教师激励要善于将物质激励与精神激励相结合。精神激励是指营造良好、和谐的学校管理制度与工作氛围,让教师以主人翁的姿态和高度负责的精神投入学校的工作之中,与学校的发展需要同呼吸、共命运。加强师德师风建设是精神激励的主要手段。精神激励不仅可以补偿物质激励的缺陷,而且其本身对调动教师工作积极性就具有巨大的威力。

(三)正激励与负激励相结合

学校对教师的激励,既要有正激励,也要有负激励:要以正激励为主、负激励为辅。正激励是从正面进行鼓励的一种激励,主要形式有工作激励、参与激励、荣誉激励等;负激励包括淘汰激励、降职激励等。正激励是一种拉力,负激励是一种推力。只有正面激励,没有负激励,会使

---

①余佳雯.中小学教师管理中的激励机制研究[D].南昌:江西农业大学,2021:21-23.

教师丧失危机感;相反,如果只有负激励,没有正激励,会使教师丧失信心。学校要善于掌握正、负激励的性质与作用,合理把握正、负激励的尺度,更有效地调动教师的积极性。

(四)个体激励与群体激励相结合

第一,激励应关注教师的个体需求差异。不同的人会有不同的需求,学校应根据个体需求差异制定多途径、多方法的激励机制,满足教师的不同需求,从而最大限度地激发教师的积极性。第二,激励应善于调动全体的工作积极性。教育工作是一个系统工程,它需要全体教师的通力合作,以形成教育合力。同时,任何优秀教师的脱颖而出都离不开教师群体的支持与促进。优良的群体是教师个人成长进步的前提条件。所以,学校要善于将个体激励与群体激励有效结合,既激励优秀的个体,也激励优秀的群体。

第四节　小学教师自我管理

一、小学教师自我管理的意义

自我管理就是对自身的身体、思想、情感、意识形态等的自主管理。小学教师的自我管理,是指小学教师在教育教学过程中自我反思、自我否定、自觉校正不当行为的一种管理模式。小学教师的自我管理主要包括小学教师的感情控制、言行管理和教育机智等。

(一)自我管理是小学教师专业发展的内在激励机制

小学教师的专业发展不仅需要外部的激励,更需要自我管理和发展的激励。传统的学校管理基于管理者与被管理者"二元对立"的形态,教师被视为被动的"管理对象"。现代学校管理强调管理的人文性和人本性,强调小学教师在接受"外在制度"管理的同时,也对自身进行有效的管理。这要求小学教师在与组织管理不相冲突的前提下,能够运用各种技能、技巧减少职业压力，提升自我素质，愉悦自我身心，从而促进教师专业发展。

(二)自我管理能够促进学校整体管理效能的提高

第一，小学教师作为知识工作者，拥有独特的心理需求和特点。如果从一般被管理者的角度对其进行管理，就会压抑小学教师的需求，挫伤他们的积极性。充分重视小学教师的自我管理，可以满足教师的自尊需求，激发其工作积极性。所有教师工作积极性的提升，最终将会影响学校整体管理效能的提高。第二，在小学管理活动中，小学教师既是被管理者，也是小学生的管理者。小学教师的自我管理状况不仅直接影响其自身的工作绩效，而且会影响小学生自我管理能力的形成。所有教师自我管理能力的提高，必然带来学生管理工作的良好成效，同样可以提升学校的整体管理效能。

二、小学教师自我管理能力的提升

社会的不断发展，对小学教师的要求越来越高，而提高小学教师的专业素养越来越依赖小学教师自我管理能力的提升。

(一)自我认识

教师的自我认识是进行自我管理的基石。教师只有善于认识自我、分析自我、正确评价自我，才能做好自我管理。

1.认识自己的价值观

小学教师价值观是在日常的工作、学习、生活中逐渐形成的，是小学教师对是非、对错、善恶、美丑等的判断，对教师的个体行为发挥着指导、约束、规范的作用。小学教师应自觉反思自身的价值观，发扬其中积极的成分，纠正其中与教育工作不相适应的成分。

2.认识自己的优缺点

每个人都有自己的优缺点，对自身优缺点的准确认识是个体发展的基础。小学教师要善于根据教育行业的要求，反思自身的优缺点，使自己更适合教育工作的要求。

3.认识自己的学习方式

小学教师由于自身原有的知识结构、接受与积累知识等方面存在的差异,致使在所擅长的学习方式、所需要的学习环境等方面,同样也存在着差异。小学教师了解自己的学习方式,才能更容易自我更新知识结构,对自己的知识进行管理和应用。

4.认识自己的工作方式

小学教师工作的性质,决定了小学教师在教育教学活动中具有很强的自主性,但同时也需要其他教师的配合。学校的每一个学科都是一个相互协作的团队,在这个团队中,不同教师的生活习惯、性格特点、做事方式等各有差异。小学教师需要区分哪些工作适合与他人合作,哪些工作适合单独一人完成,哪些需要在他人的指导下完成[①]。

(二)自我完善

1.沟通能力

有效沟通,不仅是教师工作的重要前提,也是教师自我管理水平的一种体现。小学教师要善于做好与学校领导、与同事、与学生的有效沟通,从而提升自身的工作成效,树立良好的自身形象。

2.合作能力

学生的健康成长离不开教师群体的共同影响,任何教师的单打独斗都不可能奏效。小学教师应具有合作的意识和能力,与同事相互学习,相互合作,博采众长,共同进步。

3.控制能力

小学教师在工作中随时会遇到各种各样的问题,会产生不同程度的压力及不稳定的情绪,需要教师对自己的情绪进行有效的控制。要意识到压力是无处不在的,在压力面前应以积极的心态来应对。教师可以通过参加体育锻炼、专业心理辅导,建立和谐的人际关系,争取社会网络的支持等途径来进行自我调适。

---

①王萌.中学教师自我管理能力的现状与对策研究[D].延吉:延边大学,2018:8-13.

4.自我竞争

一个教师的成长和发展,在很大程度上依赖自己的主观能动性,教师最大的竞争对手其实是自己。小学教师应该摆正竞争心态,认清竞争对手,善于自我竞争、自我超越,战胜自己,追求成功。

三、小学教师自我管理的实施

(一)职业生涯规划

职业生涯规划是小学教师自我管理的基础,有清晰的规划才有可能让自己的人生变得丰富。小学教师从职业生涯的初始阶段就要对工作进行严肃认真的思考,权衡职业发展中的各种选择,对职业的各个阶段进行安排,依据规划要点,充分运用环境资源,发挥自我潜能。

(二)提高管理效率

小学教师每天都在面对各种琐碎、重复的工作和事件,很多教师感觉自己每天都很忙碌,有着上不完的课,开不完的会,参加不完的培训,对这种工作现实,小学教师应该掌握科学的管理方法,合理安排工作事项,优化工作空间,提高工作效率。

(三)精神激励

教师在精神层面上的反思和内省是进行自我管理的主要途径。小学教师的精神激励应主要从以下三个方面进行:第一,做好职业发展的自我管理。小学教师需要充分把握小学教师职业的特点,正确把握自己的发展轨迹,将自己的工作调整到良好的状态。第二,缓解压力。很多小学教师由于工作压力等一些因素,在某种程度上也具有一定的心理问题。疏解压力的能力对于小学教师的发展有重要的意义。第三,自我激励。自我激励属于内部激励,其力量最持久,是小学教师实现可持续发展的主要手段。

第五章　小学教育管理的学生管理工作

第一节　小学生管理的目的与前提

一、小学生管理的目的

学生的发展在很大程度上取决于所在班级的生活质量,而学生的班级生活质量又取决于班级管理的质量。这一切归根结底是由于班级管理的目的决定的,因此,弄清楚班级管理的目的就有着非常重要的意义与价值。班级的管理目的是将小学生的智慧和力量转化为一种向心力,不仅实现班级目标,而且促进小学生自身的发展。

(一)形成班集体,培养自我管理能力

1.班集体建设是班级管理的核心

班级管理是实现组织目标的手段。建立完善的班级组织——班集体,既是班级管理的直接目标,也是实现班级管理的终极目标的手段。正如苏联著名教育家马卡连柯所说:"教育了集体、团结了集体、加强了集体,以后集体自身就成为很大的教育力量。"所以,小学生管理的一个直接目的就是建立班集体、形成凝聚力,它是班主任的中心工作,是学校教育教学和管理工作的基础。

2.学生自我管理是班级管理的重要内容

班集体建设的一个重要内容就是要让学生养成自我管理的好习惯。现代班级教育要求以学生的全面发展为本,着力培养学生自主管理的意识和能力。

（二）落实素质教育，提升生命质量

素质教育的一个重要内容是面向每一个学生，着眼于学生的未来，帮助学生获得生存、发展和成功的能力。班级管理工作应以此为指导，以学生的自我约束为基础，以学生的自我管理为手段，以学生的自我评价为途径，以学生的自我发展为最终目的，提供和创造学生主动成长的机会。

此外，素质教育是以提高人的生命质量为宗旨的，它明确地把教育和人的生命发展联系起来，表现了教育活动的根本意义。因此，小学生管理的目的也在于提升学生的生命质量，让每一个学生的成长需要尽可能地被充分关注，使小学生能在复杂变化的世界中掌握自己的命运，并在主动参与创建更合理的集体的过程中，最大限度地发挥自己的潜力。

总之，小学生管理的目的是在建立民主型班级的基础上，促进小学生养成自我管理能力，提高其生命质量。

二、小学生管理的价值

（一）做好小学生管理工作是素质教育的要求

素质教育是一种以提高受教育者诸方面素质为目标的教育模式。它重视人的思想道德素质、能力培养、个性发展、身体健康和心理健康教育。小学生作为民族的希望和未来，他们接受的教育对于他们的发展至关重要。小学生管理是小学生健康成长、全面发展的一个重要保障，也是推行素质教育的一种途径与手段。2006年教育部印发的《关于进一步加强中小学班主任工作的意见》指出："中小学班主任工作是学校教育中极其重要的育人工作……加强中小学班主任工作，对于贯彻党的教育方针，全面推进素质教育，把加强和改进未成年人思想道德建设的各项任务落在实处，具有十分重要的意义。"因此，加强小学生管理工作是推行素质教育的要求，应将其作为一项重要工作来加以落实。

（二）做好小学生管理工作是顺应学生身心发展规律的需要

小学生的身心发展特点决定了必须做好小学生管理工作。

1.主观上,小学生更容易管理

由于小学生的年龄较小,生活阅历较浅,更容易听从老师的安排,因而易于管理。同时,小学生具有明显的"向师性"特征,很容易将教师视为自己心里的权威。在小学生眼中,教师就是"真理",教师的要求是必须遵守的,小学生对班主任及相关教师有着天然的尊敬之情。

2.客观上,小学生更需要管理

儿童进入小学阶段,是他们人生中第一次踏入正式的学校系统。小学阶段与之前的幼儿园阶段在生活、学习、人际关系等方面都有了很大的不同。表现在:生活方面,小学阶段比幼儿园阶段的要求更高,规范也更多;学习方面,更强调结果的学习活动取代了游戏而成为儿童的主导活动;人际关系方面,小学班级的组织结构和人际关系更复杂,小学生的角色更为多样化。以上种种表现要求教师对小学生进行引导与教育[1]。

小学生可塑性强而辨别力弱,容易接受外界的影响。尤其是当代小学生,生活在开放的环境中,生活在市场经济和各种新兴媒体的影响下,学习有了更优越的条件,发展有了更广阔的空间,同时,也更容易受到各种不良思想和生活方式的侵蚀。

因此,社会需要教师,尤其是班主任对小学生进行及时有效的教育与管理。

(三)做好小学生管理工作可以为学生今后的发展奠定坚实的基础

小学阶段是九年制义务教育的起点,也是小学生人生的起点,更是一个人成长的关键时期。小学阶段被称为"基础教育",在整个人生的教育阶段发挥着奠基作用,无论是道德品质、行为习惯还是学习习惯、兴趣爱好等的培养,都会对小学生未来的发展产生直接的促进作用,具有重要的影响。

---

[1]王琳萍,郑向阳,马文莉.开展中小学生质量管理活动的必要性[J].中国质量,2019(12):60-61.

三、小学生管理的前提

做好小学生管理工作,需要教育管理者树立正确的学生观、成才观、管理观和家校合作观。

(一)树立正确的学生观

所谓学生观,是指教师作为教育者对作为受教育者的学生的基本看法。正确的学生观是教师教育行为的基石,决定着教育者的工作态度和工作方式,直接影响教育活动的目的、方式和结果,影响教育教学的质量。

1.小学生是处于动态发展中的人

(1)顺应小学生身心发展的规律

人在每个年龄阶段都有自身的身心发展规律,小学生也不例外。教育者要学会站在小学生的立场去思考问题,要尊重特定年龄段所呈现的特点,针对小学生的身心发展状况做好教育与指导。

(2)挖掘小学生身上的发展潜能

每个人都存在发展的潜能,小学生的发展潜能更大。要有将小学生的潜能变成现实的能力,需要教育者慧眼识珠,并采取有针对性的举措,激发小学生的潜能,使小学生得到有效的发展。教育者要转变观念,树立全面发展的理念,破除"分数至上"的思想,用发展的眼光看待每一个学生,发展其长处,开发其潜能,让学生得到全面发展。

2.小学生是独特的人

(1)小学生有自身的独特性

由于遗传素质、社会环境、家庭条件和生活经历各方面的不同,小学生在很多方面都具有明显的个体差异和独特性。重视学生的独特性,尊重学生的差异,培养具有独特个性的人,应成为教育者的基本理念。差异不仅是教育的基础,也是学生发展的前提,教育者应将学生的个体差异视为一种财富,通过有效的教育工作,使每个学生都成长为独特个性的人。

（2）小学生与成人之间存在着巨大的差异

正确的学生观要求教育者"把成人看作成人，把孩子看作孩子"。小学生和成人之间具有很大差别，小学生看待问题、思考问题的角度，处理问题的方式，都与成人明显不同。教育者不能将成人的观点或心态简单移植到小学生身上，更不能用成人的方式处理小学生遇到的问题。

3.小学生是教育活动的主体

（1）教育活动的自主性

自主性是个人成为主体的前提。一个人在活动中如果不能独立自主，就会成为其他人支配的工具，从而丧失自身主体性。中小学生虽然是在教师的引导下进行学习，但引导不等于强制干预，而且教师的引导必须根据小学生的需要进行。小学生的自主性表现为有明确的学习意识，有自我教育的能力，能够对自己的学习活动进行自我支配、自我控制和调节，能够独立思考问题，具有独立分析和判断能力。因此，小学生是教育活动的积极参与者，是学习的主人。

（2）教育活动的选择性

小学生参与教育活动的过程是一个选择的过程，是其主体性的表现。小学生的学习不局限于课堂学习，还有大量的课外、校外的学习，这都需要学生做出选择。此外，学生总是根据自己的意愿，选择符合自己需要的内容作为学习的客体。小学生学习不仅需要选择学习内容，对于学习目的，学习方式、学习手段等也会有所选择。

（3）教育活动的能动性

小学生在教育活动中的能动性，表现为对教育内容具有浓厚的兴趣，具有强烈的求知欲和较强的学习动机，能够积极投入学习活动中，以自己已有的知识经验和认知结构去主动同化外界的教育影响，进行过滤、吸收，生成新的认知结构。

（二）树立正确的成才观

1.教小学生学会做人是第一要务

自古以来，我们的祖先就非常强调对下一代的做人教育，将其作为启蒙教育的首要任务。正如《大学》中所说的"修身、齐家、治国、平天下",其中,"修身"是中心环节,是核心内容。修身是基础,是其他一切的前提,做到"修身"才有可能"家齐、国治、天下平"。著名教育家陶行知有言:"千教万教教人求真,千学万学学做真人。"教孩子做学问,先要教会孩子做人。"望子成龙、成凤"无可厚非,"望子成人"更加重要。因此,学会做人,是人生的第一课,也是人生永恒的一课。联合国教科文组织国际教育发展委员会的报告《学会生存——教育世界的今天和明天》明确将学会做人作为主题思想。在这里,学会做人超越了单纯的道德、伦理意义上的"做人"。而包括了适合个人和社会需要的情感、精神、交际、亲和、合作、审美、体能、想象、创造、独立判断、批评精神等方面全面而充分的发展。从这个意义上说,学会做人与我国教育方针强调的在德、智、体、美、劳方面都得到生动、活泼、主动的发展相吻合,正是我们追求的教育目标和终身学习的最终目标。所以,小学教师必须树立成才先成人的理念,将教育小学生学会做人作为第一要务。

2.提倡小学生全面发展而非只重视分数

在传统教育的影响下,人们自然而然地认为学生的成绩是最重要的,任何事情都要用分数来说话。这不仅是一种错误的成才观,而且是一种非常有害的成才观。在这种成才观下,教师和家长的全部精力都放在如何提高学生的学习成绩上,而忽视其他比学习成绩更重要的方面,比如,学生的身体、心理是否健康,学生的道德品质是否高尚,等等。这种错误的成才观也势必造就一批不合格的学生,虽有很好的学习成绩却欠缺基本的生活能力,虽有很高的学业分数却无健康的体魄,虽有高智商却欠缺基本的道德品行等。教育工作者必须树立正确的成才观,让学生获得全面和谐的发展,才能真正造就一批有理想、有道德、有文化、有素质的合格人才。

(三)树立正确的管理观

1.小学生管理要遵循小学生的身心发展规律

根据小学生身心发展规律,做好小学生管理工作,应关注以下两点。

（1）小学生管理要重视行为管理

小学生年龄较小，理解能力有限，对小学生进行说服教育所起的效果并不明显。对小学生进行教育，需要教师的以身示范。小学学习阶段也是小学生良好行为习惯的养成阶段，应注重小学生的行为管理，促使小学生习惯的养成。

（2）小学生管理要注意年龄阶段性

对小学生进行管理要注意小学生的年龄差异。虽然这个阶段的受教育者都被称为小学生，但从小学一年级到六年级，小学生身上会发生巨大的变化，他们从懵懂的儿童成长为少年，呈现出非常明显的年龄差异。因此，在对小学生进行管理时要注意年龄阶段性，不能用统一的标准去要求处在不同阶段的小学生，更不能用统一的管理手段来对待处于不同阶段的小学生。

2.小学生管理需要遵循特殊的专业要求

任何一项专业工作都需要与其相称的专业理论和专业技能，小学生管理工作也不例外。它需要管理者拥有与小学生的年龄特点相称的管理智慧。小学生的管理工作既有与其他年龄段的受教育者的管理工作相一致的共性，又有与小学生年龄特点相连的个性，同时，不同学校的小学生的特点不同，即使同一所学校，不同班级的学生的特点也不同，这就要求小学教育管理者必须掌握专业的管理理论和技能，开展专业的学生管理。

（四）树立正确的家校合作观

1.家校合作是教育科学化发展的必然趋势

研究与实践证明，无论是学校还是家庭，靠单方面的力量，都很难完成儿童教育的任务。唯有家校合作，相互支持，协调一致，发挥家校的合力，才能将教育资源利用最大化。如果家庭与学校缺少沟通或者沟通不畅，不仅不能发挥家庭和学校各自本该具有的效力，而且还会使两者的能量相互抵消，最终影响小学生的健康发展。

2.家校合作要树立关系平等的理念

在家校合作这个问题上,学校与家庭都应树立平等的理念。家庭和学校作为小学生学习、生活最经常的场所,它们之间应该是协作的、互动的关系。两者只有在平等的、对话的氛围下,才有可能营造一个良好的成长成才的环境,才有可能发挥合力的作用。

第二节　小学生管理的内容

一、小学生学习管理

从事小学生的学习管理工作,既要关注小学生的学习态度,又要关注小学生的学习活动,二者缺一不可。

(一)小学生学习态度管理

态度是个体在对某件事物产生认识和情感的基础上形成的倾向性,它是个体人格的重要特征之一。学生的主要任务是学习,正确的学习态度是小学生的关键学习品质。小学生拥有正确的学习态度,不仅会热爱学习、勤奋学习,努力追求好的学习成绩,而且会影响小学生形成其他良好的品德。

(二)小学生学习活动管理

1.课堂管理

课堂管理是指教师通过协调课堂内的各种教学因素,有效地实现预定的教学目标的过程。课堂是教学的基本场所,课堂中集结、交织着各种教学因素,以及这些因素相互作用形成的各种关系。课堂管理的主要功能就是协调、控制、整合这些教学因素及其关系,使之形成一个有序的整体,从而保证课堂教学活动的顺利进行。

2.作业管理

合理布置、认真批改作业,是教师日常教学工作的重要组成部分,是教师进行学习管理的又一重要形式。

二、小学生品德管理

(一)小学生品德管理的概念

所谓小学生品德管理,是指学校管理者根据一定的德育目标,遵循学校管理的一般规律,采用决策、计划、组织、指导与控制等管理手段,充分利用德育的各种因素和资源,对小学生的品德进行管理的活动。

(二)小学生品德管理的内容

1.注重思想品德课的教育作用,提高学生的道德意识

小学思想品德课是实施德育的主要途径,是向小学生系统地进行思想品德教育的重要课程,在提高小学生的道德意识和道德判断能力、培养道德情感上起着重要的作用。

2.开发多种途径,全方位开展品德教育

思想品德教育不能局限于思想品德课、班队会,社会环境和家庭也是对小学生开展德育的重要途径。

三、小学生习惯养成

著名教育家叶圣陶先生曾提出:"什么是教育?简单来说,其实就是习惯的养成。要是各种习惯都养成了,教育的目的就达到了,如学习上有良好的学习习惯,劳动上有良好的劳动习惯,道德上有良好的道德习惯,生活上有良好的生活习惯……那么,这个孩子就是一个好孩子。"

(一)习惯养成的概念

良好的习惯是在后天养成的自觉的、稳定的行为方式,其必须是在有意识的训练中形成,必须经过有目的、有计划的培养才能形成。因此,习惯养成是指通过外在的指导,使小学生的行为习惯获得养成发展的过程,其实质是将外在的行为规范转化为小学生内在行为自觉的过程。

(二)小学生习惯养成的内容

小学生习惯养成包括两个方面的内容:第一,学习习惯的养成;第

二,行为习惯的养成。

1.小学生学习习惯养成的内容

小学生学习习惯包括很多方面的内容,比如,学会倾听的习惯,善于思考的习惯,敢于提问的习惯,与人合作的习惯,自主读书的习惯,认真书写的习惯,自评互评的习惯,收集资料的习惯,动手操作的习惯,按时完成作业的习惯等。

2.小学生行为习惯养成的内容

小学生行为习惯养成同样包括很多方面的内容,比如,举止文明的习惯,诚实守信的习惯,尊重他人的习惯,守时惜时的习惯,懂得感恩的习惯,勤俭节约的习惯,遵守秩序的习惯,勤于动手的习惯,锻炼身体的习惯,讲究卫生的习惯等。

(三)小学生习惯养成的策略

1.明确规章制度

一年级的小学生,刚刚从幼儿园进入正规的学校教育,虽说行为习惯和学习习惯都有一些基础,但养成教育依然是教育管理的重中之重。对学生明确规章制度,是养成教育的第一步。

2.建立恰当的评价体系

评价体系有的是学校依据学生守则、上级教育部门的规定贯彻的,有的是根据班里学生的实际情况建立的。需要强调的是,评价体系的建立和宣传过程就是一个重要的教育过程和习惯养成过程。

3.从细节入手

习惯的形成要有一个过程,是循序渐进的。班主任对小学生的要求应从"小"入手,由低到高,在点滴中逐步积累,逐渐定型[1]。

四、小学生心理疏导

(一)小学生心理疏导的概念

从心理学的角度而言,心理疏导有广义与狭义之分。狭义的心理疏

————————
[1]程方平.中小学生行为管理的问题与建议[J].中国德育,2018(21):35-38.

导是指由受过专业培训的医疗人员对心理疾病患者进行的疏通和引导，是一种能够配合医药治疗起到积极效果的心理治疗技术。广义的心理疏导是指以解释、说明、鼓励等方式实现人与人之间的相互理解，并且用恰当的沟通方式来影响和感染对方，从而逐渐改变有心理问题的人群的认知、信念、情感、态度和行为等，最终达到消除或减弱不良心态的目的。针对小学生心理健康进行的疏导主要指广义层面上的心理疏导。

（二）小学生心理疏导的内容

1.兴趣问题的疏导

兴趣在小学生学习活动中发挥着重要的动力作用。小学生只有对学习科目或者学习活动产生兴趣，才会有高涨的热情、积极的态度和良好的学习效果。因此，兴趣问题方面的疏导是小学生心理疏导的一个重要内容。

2.意志问题的疏导

意志是为了达到一定的目的，自觉地组织自己的行动，克服困难，实现预定目的的心理过程。由于各方面因素的影响，小学生意志方面普遍存在很多问题，表现为做事拖延、遇事靠等，等等。

3.性格、情感问题的疏导

性格是对现实的稳定态度，以及与之相适应的习惯性的行为方式。小学生性格方面存在的问题一般表现为自卑、刻薄、自私等，这些性格的缺陷又会导致小学生情感问题的出现。

第三节　小学生管理途径与方法

一、小学生管理的途径

小学生管理是一项系统的工作，为实现管理目的，需要通过多种途径。主要介绍小学生少先队管理、小学生班级管理和小学生自我管理。

（一）小学生少先队管理

小学少先队组织是基础教育的重要组成部分，是小学教育不可缺少的得力助手。小学少先队教育活动是对小学生实施思想道德教育，培养创新精神和实践能力的重要形式。

1.树立科学的管理理念，实现应有价值

少先队是小学特有的组织，在小学生管理中发挥着重要的作用。要做好少先队管理工作，前提是树立科学的管理理念。少先队管理要明确集体的奋斗目标，并将学生个人的奋斗目标与集体的奋斗目标相结合，以个人带动集体，以集体促进个人。

2.按照学生的身心特点，实行情感管理

传统的少先队管理基本上都采用行政管理的方法，小学生面对的是冷冰冰的纪律与规则，更多的是被动地服从，不能发挥其主动性与积极性。而情感管理是从小学生的身心发展规律出发，在相互尊重、相互信任、相互理解的基础上，营造团结、和谐的气氛，使每一个少年都能感受到集体的温暖，都能发挥自己的作用。

（二）小学生班级管理

小学生班级管理是指在班级管理的过程中，根据一定的教育目标，针对小学生的特点，有目的、有组织地开展班级活动，以实现预定的班级教育目标的过程。

1.提高班主任的班级管理水平

（1）树立正确的班级管理理念

班级是学生在校生活的基本单位，是学生实现成长和社会化的重要基地。加强班集体建设，提高班级生活质量，是学校管理工作的重要任务。班主任是班级管理的第一人，班主任的班级管理理念直接影响其班级管理方式与管理行为，因此，班主任必须树立正确的班级管理理念。

（2）加强培训，提高管理水平

班级管理是一项系统的工作，需要班主任有丰富的理论知识经验作为基础。班主任在班级管理过程中需要用到管理学、教育学、心理学等学科的理论知识,这些知识对于班主任树立正确的管理思想、掌握科学的管理方法有着重要的意义。同时,要通过对班主任的管理培训,使班主任将管理的理论知识与本班的实际相结合,形成系统的班级管理思想,引导班级管理工作走向科学有序。

2.营造良好的育人环境

(1)营造班级氛围,发挥管理者的非权力影响

良好的班级氛围显示着班级成员共同的心理特征或倾向性,在形成集体意识和班级特色中起着熏陶的作用。班级气氛形成的凝聚点就是班级成员的集体荣誉感。

非权力影响是指教师的知识、能力以及个人品格、情感对学生产生的影响。实践证明,如果教师具有渊博的知识、较强的能力、高尚的品格、丰富的情感,在班级中极易形成民主、平等的人际关系,班级气氛良好,有助于学生成绩的提高、道德观念的形成。因此,在班级管理过程中,教师的非权力影响占据重要的地位。

(2)加强班级文化建设

班级文化是指班级成员共有的信念、价值观、态度的复合体。班级文化既是影响班级管理的环境因素,又是班级管理成果的物化标识。

第一,加强班级精神文化建设。班级的精神文化对学生群体的影响很大,在班级管理中发挥着举足轻重的作用。班级精神文化建设可有效地激发学生的学习兴趣,培养学生良好的行为品质,形成积极向上的班级精神,最终形成良好的班风。班风是整个班级外显的精神力量,是整个班级的灵魂。

第二,加强班级物质文化建设。班级物质文化建设主要是指教室的环境布置,它能对学生产生约束、限制及引导的作用,使学生在潜移默化中受到影响。

（三）小学生自我管理

1. 培养自我管理意识

可以通过以下几种途径来培养小学生的自我管理意识。

（1）活动引领

小学生在活动中、在角色扮演中能够不断地认识自我，也能够意识到自身存在的优缺点，这是培养小学生自我意识的一个有效的方法。班主任要进行总体规划，通过活动不断培养小学生的自我管理意识。

（2）目标促动

目标是一切行动的指南，小学生自我管理意识的培养同样可以运用目标促动的方法。班主任要为小学生设立不同层次的目标，让小学生在不断达到目标的过程中，培养自我管理的意识。此外，在这个过程中，班主任可以鼓励小学生为自己设置相应的目标，并努力去达成。

（3）主题教育

主题教育是培养小学生自我管理意识的一种途径。主题教育可以让学生在有目的、有意义的主题活动下，清晰、明了地感受自我管理的重要性，从而不断培养自我管理的意识与能力。

2. 创设自主管理氛围

班主任可以通过班级教育活动，鼓励学生积极创设一种自主管理的氛围，形成良好的班级管理舆论，让每个学生都能正视自己的班级角色，提高学生参与班级自主管理的积极性，实现从他律到自律[①]。

3. 形成自主管理能力

教育家陶行知说过："最好的教育是教学生自己做自己的先生。"他在《学生自治问题之研究》中谈到学生自治的四点好处："第一，学生自治可以为修身理论的实验。第二，学生自治能适应学生之需要。第三，学生自治能辅助风纪之进步。第四，学生自治能促进学生经验发展。"此外，小学生自治自理意识的增强还可以提高自我教育的能力，促进小学生多方面才能的发展。因此，班主任要激发小学生自主管理的积极性，

---

①李婧雅. 小学生自我管理能力现状调查研究[D]. 沈阳:沈阳大学,2021:22-26.

培养小学生自我管理的能力。

二、小学生管理的方法

(一)行政管理方法

行政管理方法又叫"制度管理方法",是指学校管理者通过制定规章制度,对学生的某些行为进行约束,以达到学校规定的教育目标的管理方法。行政管理方法的具体要求如下。

1.讲解规则,讲明道理

实施行政管理方法的前提,是要让每个学生了解规章制度的内容和意义,通过各种宣传形式,提高学生执行规章制度的自觉性。要通过说服教育向学生说明制定制度、规则的目的和意义。

2.严格要求,认真监督

各种规章制度公布实行以后,就要严格检查监督,使学生严格按要求执行。对于违反规章制度的人员和行为,要进行教育、惩处,保证规章制度的贯彻执行。

3.反复训练,形成习惯

若要将行政管理方法落到实处,就必须把执行规章制度和规则变成学生的自觉行动。这需要长期坚持不懈的教育和训练,将规章制度变成学生的习惯。

(二)思想教育方法

思想教育方法,是指学校和教育者用一定的思想观念、道德规范等对小学生施加有目的、有计划、有组织的影响,使他们形成社会和学校所要求的思想品德、行为习惯的教育方法。思想教育方法的具体要求如下。

1.严格要求,率先垂范

教师要时时处处严格自律,慎言慎行,恪守师德,为人师表,以身作则。教师不仅要有渊博的知识,广泛的兴趣,坚强的意志,更要有昂扬向上的情绪和乐观开朗的性格,以自身良好的师德表现成为学生模仿学习的样板。

2.结合课堂,随时渗透

教师的职责是教书育人,其中,育人是关键。教师可以结合课堂教学内容,随时随地对学生进行思想品德教育。这样可使学生在潜移默化中,自然而然地受到良好的思想品德和行为习惯教育。

3.大处着眼,小处着手

教师要大处着眼,小处着手,促使学生养成自觉遵守纪律的良好习惯,促进班级向着良好的方向发展。教师不仅要善于观察身边发生的一些好人好事、见义勇为的事例,而且还要善于把这些事例当成典型案例来对学生进行思想教育,增强学生的自觉性和集体荣誉感。

4.加强合力,构造网络

教师应构建学校、家庭、社会三位一体的教育网络,共同发挥教育合力,使学生在生活的任何情境中都能接受正确的思想教育。

(三)激励方法

激励方法是指班级管理者运用激发和鼓励等方式,充分发挥学生各方面的潜能,以达到班级预定教育目标的方法。对小学生激励的具体方式包括如下。

1.目标激励

目标作为一种诱因,具有引导和激励的作用。小学生班级管理可以通过制定班级集体目标,激发学生向该目标奋斗的动机,引导学生实现目标。同时,还可以让每个学生根据自身情况制定自己的发展目标。

2.榜样激励

榜样的力量是无穷的,小学生尤其善于模仿榜样。所以,榜样激励在小学生管理中发挥着巨大的作用。教育者要善于向小学生提供具有积极教育功效的榜样。比如,民族英雄、感动中国人物典型、身边的好人好事等。此外,教师自身就是最主要的榜样,所谓"身教重于言传",教师的一言一行应是学生的表率,教师应身体力行,为学生做出榜样。

3.竞争激励

竞争是班级管理中的一种有效方法。竞争激励实际上是荣誉激励。小学生争强好胜,上进心强,对荣誉有强烈的需求,班级也可举办形式多样的竞赛来激发学生拼搏、进取、创新的精神。

4.成功激励

成功激励是指教师利用或创造条件,让学生特别是学困生有参与教育的机会,并尽量使其有成功的喜悦体验,以激发他们学习的热情。教师要多制造机会,让每一个学生都能体会到成功的喜悦。要鼓励学生增强成就感,对学生取得的成绩,哪怕是微不足道的成绩,都要给予充分的肯定和鼓励,激励其不断地追求新的成就。

(四)心理疏导方法

心理疏导方法,是指管理者运用恰当的沟通方式来影响和感染学生,使其在认知、信念及行为态度等方面发生改变的方法。心理疏导的具体方法如下。

1.心理压力消除法

心理压力消除法是心理疏导常用的方法之一。换位思考、学会倾诉、接受友善的援助、降低生活标准、专注于一件事情、加强体育锻炼等,都可以有效消除心理压力。

2.释放疏导法

教师要为自尊心受到伤害的小学生提供及时的心理疏导,帮助其用合理的渠道宣泄积郁,尽快恢复心理平衡。

3.暗示疏导法

教师通过语言、手势、表情等方式与小学生进行心理沟通,间接地让小学生领悟教师的观点、用意。

4.平等疏导法

人人平等,公平判断。学生应调整好心态;教师应持公平态度,让学生在公平的环境中快乐竞争。

5.友爱互助疏导法

同龄小学生多数时间在一起学习、生活,他们彼此更了解,更容易交流。教师要提倡小学生友爱相处,互相帮助,并利用班会、团会等形式讨论学生的问题,教育学生在讨论中进行自我教育,相互影响并共同进步。

(五)自我管理方法

自我管理方法,是指班级成员依据教育目标的要求以及自身的特点,独立地进行自我管理的方法。自我管理方法的内容具体如下。

1.形成自我管理意识

真正的自我管理是小学生发自内心的行动,是一种有目的、有计划的活动。引导学生进行自我管理首先要形成自我管理的意识。

2.营造自我管理氛围

第一,引导正确的班级舆论。正确的班级舆论,是班集体中多数人赞同的正确言论和意见。班级舆论是班主任对小学生进行教育和小学生自我教育的重要手段。在班集体建设之初,就要营造积极乐观、健康向上的舆论氛围,发挥舆论氛围对小学生的重要影响作用。

第二,引入评比机制,激发学生的积极性。在班级中引入评比机制,让小学生对班级成员进行评定,激励小学生不断进步。

3.养成自我管理习惯

要通过家校结合,保证小学生在学校和家庭的所有环境中都能实施有效的自我管理,巩固教育的成效,逐渐养成自我管理的习惯。

第六章　小学教育管理的德育管理工作

第一节　小学德育管理的概念与前提

一、小学德育管理概述

德育是素质教育的重要组成部分,做好德育工作是全面提高教育质量的重要环节。德育管理是为了实现德育目标进行的一种学校管理活动。加强德育管理是实施素质教育的必然要求;也是全面贯彻教育方针,实现培养目标的需要;更是小学生身心健康发展的保证。

(一)小学德育管理的概念

小学德育是对小学生进行的思想政治和品德教育。它包括思想教育、政治教育和道德品质教育。所谓小学德育管理,是小学管理者以党和国家的教育方针政策为指导,按照小学德育工作的基本规律,对德育工作进行决策、计划、组织、指导和控制,并有效利用各种德育要素,从而保证高质量地实现小学德育目标的管理活动。

小学德育与小学德育管理既有区别,又有联系。第一,德育与德育管理在以下几方面存在不同:一是二者的性质不同。德育是教育者对学生实施的一种教育活动;德育管理是小学管理者为了实现德育目标而实施的一种学校管理活动。二是实施主体不同。德育工作的实施主体狭义上是指全体教职员工,广义上是指一切能够给予学生影响的人;德育管理的实施主体主要指向学校管理者。三是活动方式不同。德育活动主要通过讲解、说明、榜样、陶冶、表扬、批评等方式进行;德育管理主要通过计划、组织、协调、控制、检查等方式来实施。四是活动对象不同。

德育的活动对象是学生;德育管理的活动对象指向德育工作者以及与德育有关的一切工作,包括德育的内容、方法、途径等。五是价值体现不同。德育的成败体现在德育实效的高低,即通过实施教育,学生的行为是否向着预定的方向变化,最终达到预定的德育目标;德育管理的成败体现于管理效能的高低,即通过管理,德育工作的进行状态是否达到了协调、有序、高效,从而为高质量完成德育目标提供保证。第二,二者是密切联系,相辅相成的。德育管理以德育为管理对象,没有德育,德育管理就没有存在的价值,即德育是德育管理的价值体现;同时,德育管理又是德育的前提,做好德育管理工作,德育工作才可能做得更好,即德育管理是德育的保证。

(二)小学德育管理的任务

小学德育管理应根据小学德育工作的特点,科学组织、有效指挥相关部门和人员,以保证德育工作的高效能及德育目标的高达成度。具体来说,小学德育管理主要承担以下任务。

1.强化全体教职员工的德育意识,正确认识德育在学校教育中的地位和作用

人的态度与行为是受思想观念支配的,要做好德育工作,必须让全体德育工作者形成正确的德育意识,从思想上充分认识德育对实现社会主义教育目标的重要性。只有从思想上重视了,行为和态度上才能有体现。因此,德育管理首要的任务就是让每一位德育工作者能够正确认识到德育在学生发展中的重要性,认识到德育在学校教育中的重要地位和作用。

小学阶段是学生形成良好品德、养成良好习惯的重要时期。德育管理者应该帮助教师认识到德育在学生发展中的作用,牢固树立德育意识,将德育渗透于智育、体育、美育和劳动技术教育中,贯穿在学校教育的全过程和学生的日常生活中,帮助教职工理解和掌握德育工作的规律和方法,将学校各种工作与德育有机结合,做到教书育人、管理育人、服务育人,促进德育工作顺利有效地开展。

2.建立健全德育工作管理系统,加强德育队伍建设

小学德育工作涉及的部门和人员包括党支部、校长、教导主任、学生组织。家长以及社会各界,要保证德育工作有效开展,必须理顺关系,健全机构,使德育工作在组织、制度上得到保障。德育工作是一门科学,有其自身的规律,德育工作只有遵循德育规律,才能取得良好效果。因此,应该加强德育工作队伍的建设,提高德育工作者的素质和管理水平,使队伍的数量和质量都能符合小学德育工作的实际需要,保证德育工作顺利开展并取得实效。

3.建立和完善德育管理的各项规章制度

建立和完善规章制度是推进德育管理制度化、规范化的重要保证。小学德育管理制度主要包括学生品德行为管理制度和德育工作管理制度两大方面。

学生品德行为管理的制度主要是依据《小学生守则》《小学生日常行为规范》,结合学校实际而制定的一些有关品德行为要求方面的规章制度。例如,《小学生一日生活常规制度》《课堂纪律常规》《文明行为规则》《爱护公物公约》《评选三好学生条例》《学生奖惩条例》《参加劳动和社会实践制度》等。

德育工作的管理制度主要有以下几种:一是岗位责任制。小学德育工作人员包括校长、书记、共青团、少先队负责人、年级组长、班主任等,他们在德育工作中的任务、目标、职责范围、工作要求、检查评比、考核等,都应以制度的形式进行规范。二是信息管理制度。德育信息管理制度主要是对德育信息处理过程的规范,包括对全国德育工作信息的收集,对小学学生思想行为等方面情况的收集与分析等。三是德育工作常规管理制度。主要包括德育工作计划制度、会议和工作汇报制度、生活指导制度、家访制度、班务工作的交接班制度等。

4.科学评估与考核德育工作

科学评估与考核德育工作,对提高德育管理质量,提升德育工作实效发挥着重要的作用。但在德育管理实践中,往往忽视对德育工作的评估考核,欠缺深入的研究分析,导致许多学校的德育工作出现虎头蛇尾的状况,难以产生实效。应该结合小学生的特点,认真研究具体可行的评价方法,真正执行评价考核的流程,通过科学评价,提高德育工作的实效性[①]。

二、小学德育管理的前提

德育管理是一项复杂而艰巨的工作,要做好德育管理,需要其他相关工作的支持,即提高德育管理质量需要满足一定的前提条件。

(一)提高小学德育管理者的素质

小学德育管理者是小学德育管理的主体,因此,高素质的德育管理者是做好德育管理工作的保证。当前我国小学德育管理者的素质还需要在以下方面提高。

1.要具备科学的德育观

(1)德育社会观

正确的德育社会观,也称为"大德育观",要求从时代大背景上去观察各种德育现象,把学校的德育工作放到整个社会大系统中去进行思考。在"大德育观"下,德育不仅仅是教师的事,也不仅仅是学校的事,而是整个社会的事。

(2)德育功能观

小学德育有两个方面的功能,它既要培养小学生的政治思想道德品质,满足国家与社会对受教育者的要求,又要完善人的本质,培养小学生良好的人格,满足小学生自身发展的需要。两个功能相辅相成。树立全面的德育功能观,可以帮助小学德育管理者打开德育改革的思路,使德育工作更贴近社会,贴近小学生,既重视小学生的公共道德的培养,又重视小学生良好个性的培养。

(3)德育素质观

基于小学生的认知水平,小学德育应着眼于提高学生的思想道德素质,养成良好的行为习惯和文明礼仪,而不是追求形式,只重视说教不重

---

①吕贻勤.小学德育活动管理研究[D].贵州:贵州师范大学,2019:31-36.

视养成,热衷于轰轰烈烈搞运动,不重视扎扎实实打基础。政治思想教育是德育必不可少的组成部分,但根据小学生的年龄特点,政治思想教育应分层实施,避免出现"德育倒挂"的现象,假如对小学生进行共产主义理想教育,对中学生进行人生观教育,对大学生进行文明礼貌教育,这样的德育将绝无实效可言。

(4)德育层次观

学生的年龄大小不同,德育的内容深浅不同,要取得良好的德育效果,就应该依据学生的年龄特点分层进行,避免大一统、一刀切。例如,同是爱国主义的教育。对幼儿园的小朋友来说,就是学会爱自己的父母,爱自己周围的人;对义务教育阶段的中学生来说,爱国就是为国家的富强努力学习;对高中生来说,就是树立正确的职业观;对大学生来说,爱国主义就表现在为国家富强而努力地研究创造。

(5)辩证的学生观

在德育活动中,学生是受教育者,是德育的对象,即客体;同时,学生也是自我教育者,是德育的主体。小学德育应该充分尊重学生的主体地位,一切从学生出发,才能使学生得到发展。

2.要具有较强的德育能力

德育管理者本身也是德育工作者,也需要具备较强的德育能力,例如,责任能力、移情能力、管理能力等。

3.要具有良好的道德修养

教师是学生的楷模,德育管理者更是德育工作者的榜样,要培养学生良好的思想道德品质,德育管理者首先就应该具有较高的道德修养。否则,何以管理教师,何以教育学生。

4.要具备良好的心理素质

管理者在管理过程中一定会面临各种不利因素的影响,没有良好的心理素质,就不能很好地整合资源,处理各种问题与困难,管理目标、教育目标也会无从达成。

(二)了解小学德育工作的社会背景

随着社会的发展,在不同的政治、经济、文化、科技背景下,社会价值体系在不断发生变化,人的思想观念、价值观等也会随之发生改变。德育管理者必须及时了解社会背景变化对德育的影响。

1.经济背景

当前我国处在经济体制改革的深化时期,市场经济已经深入人心,小学生生长在市场经济的环境下,对物质的追求毫不掩饰,这也无可厚非。但德育管理者应该正视物质因素在当前社会中的重要作用,教育中可以利用物质激励手段达到教育目的,而不是一味地批判。

2.政治背景

当代政治制度的发展,民主制度越来越完善,人们的民主意识越来越强烈,小学生也不例外。他们希望得到尊重,希望维护自己的民主权益等。因此,在德育管理中,必须充分考虑学生的需要,尊重他们的意见和要求。

3.文化背景

小学师生员工拥有不同的年龄,成长于不同的文化背景,接受了各种不同的文化影响,也因此构成了德育管理中的各种冲突和矛盾。只有正确认识文化背景的影响,正视文化冲突,互相理解,真诚沟通,才能做好学校德育管理工作。

4.科技背景

当今科技的迅猛发展,新概念、新名词、新产品层出不穷,深刻改变了人们的生活方式。由于小学生的探究意识和好奇心强烈,他们成为新技术产品的迅速接受者。德育管理者必须了解科技发展对德育管理形成的影响,紧跟时代步伐,勇于尝试,勇于接受新鲜事物,尽力使德育工作贴近小学生的实际。

(三)把握小学生的特点

从事小学德育管理,必须把握小学生的特点,适应小学生的需要。当代小学生突出的特点表现如下。

1.自我意识强

当代小学生具有强烈的自我意识,为人处世习惯以自我为中心。这种特点带来的优势是:善于表达自己的观点,对于教师提出的意见能发表自己的看法,甚至能果断地拒绝教师的意见;善于维护自己的权益,不会轻易放弃自己所得或所应得;自我感觉良好;自尊心强,希望得到教师的肯定。其不足是:常常看不到自己的缺点;即使犯了错误,也不能容忍别人的批评;没有宽容心;合作意识差。

2.好奇心强

小学生好奇心很强,对于社会大环境,他们有很强的探究欲望。从天文到地理,他们有很多感兴趣、好奇的东西。他们会想尽办法去尝试,去探究新鲜事物,而且成人或教育者越是阻止,其好奇心越强烈。在强烈的好奇心下,小学生的注意力容易分散,兴趣兴奋点转移快,缺乏恒心和持久性。

(四)掌握小学德育工作者的特点

小学德育工作者是德育管理者的管理对象,了解小学德育工作者的特点,才能满足他们的需要,成功调动他们的积极性、主动性和创造性。

当前小学德育工作队伍不同程度地存在以下问题:第一,年龄结构不合理。德育队伍中,中老年教师较多,青年教师较少。第二,专业素质水平低,德育理论功底差。第三,信息接收速度落后于学生。科技的飞速发展不断更新了信息接收的方式与手段,教育者由于各方面的原因,在新的技术手段的学习使用上远远落后于小学生,信息获取晚,信息更新慢,一定程度上降低了教师的权威性。第四,德育活动的谋划与操作能力差。要做好德育管理工作,必须充分重视研究分析德育工作队伍的特点,掌握德育工作队伍的现状,有针对性地提高德育工作者的素质。德育管理者必须充分了解德育队伍存在的问题,并采取有针对性的举措提高队伍的整体水平。

第二节 小学德育资源的开发与利用

从事德育管理,需要做好德育资源的利用和开发工作。要强化德育资源意识,因地制宜地开发和利用德育资源。

一、小学德育资源的内涵

(一)小学德育资源的概念

资源是指一国或一定地区内的物力、财力、人力等各种要素的总称。它包括自然资源和社会资源两大类,前者如阳光、空气、水、土地、森林、草原、动物、矿藏等;后者包括人力资源、信息资源以及经过劳动创造的各种物质财富。当资源进入教育者的视野,被应用在教育活动中就成为教育资源。而德育资源是一种特殊的教育资源,小学德育资源就是指对培养小学生的道德品性起作用的一切因素。即构成小学德育活动和满足活动所需要的一切因素。它包括人力、物力、财力,也包括知识、经验、信息等因素。

(二)小学德育资源的特点

1.广泛性和普遍性

小学德育资源相对于其他教育资源而言,具有更大的广泛性和普遍性。人时刻生活于各种资源中,在与资源的点滴接触中形成自身的道德品性。

2.双向性

德育资源对小学生的影响既有可能是正向的,也有可能是负向的。德育资源最终会发挥何种作用,取决于德育工作者对德育资源利用的方式与方法,取决于德育工作者的教育水平。

二、小学德育资源的构成

小学德育资源内容丰富,种类繁多且庞杂,可以依据不同的标准进行分类。按照德育的功能特点,小学德育资源可以划分为素材性德育资源和条件性德育资源。素材性德育资源是指可以直接作用于德育,并可成为德育的素材或来源的资源,一般包括知识、技能、经验、活动方式与方法、情感态度和价值观、培养目标等内容。条件性德育资源主要包括德育的物质环境、人际环境等,它是指德育实施需要的人力、物力、财力、时间、场地、媒介、设施、环境,以及对德育的认识等因素。它间接地影响德育实施的范围与水平。

按照存在的状态,小学德育资源可以划分为生成性德育资源和固有性德育资源。生成性德育资源是在德育实践中生成的资源,多是在课堂教学的师生互动过程中产生的,促进学生品德形成的各种条件和因素。生成性德育资源的产生依赖于教师的专业素养。固有性德育资源是在德育实践中预先设定的德育资源。

按照资源的属性,小学德育资源可以划分为人力资源、物力资源、财力资源等。人力资源主要指德育活动中的人,包括教师、学生、德育管理者、家长、社会人士等。物力资源主要指用于德育的各种物质资料,包括图书资料、仪器设备、实验设施、学校的建筑、社区的自然和人文景观等。财力资源主要指用于德育的经费投入,包括国家和地方的财政投入、社会力量办学、社会人士的捐资助学等多种投入。

按照德育要素存在的状态,小学德育资源可以划分为软资源和硬资源。软资源又称"无形资源",是通过对硬资源的使用而产生的德育价值,如管理资源。硬资源是指可以直接使用或开发的有形资源,如人、财、物等资源。

按照德育资源的基本性质,小学德育资源可以划分为德育政治资源、德育经济资源、德育文化资源。德育政治资源指国家为德育目标的制定和实现所提供的方向性、政策性、指导性的资源。德育经济资源是指德育活动的财力、物力资源。德育文化资源是指具有德育意义的文化资源,如德育知识、德育经验、德育信息、德育文化传统等。

按照时间维度,小学德育资源可以划分为传统德育资源和现实德育资源。传统的德育资源是以传统文化为依托,以优良传统道德为核心的德育内容资源。现实德育资源是指在当代社会形成的促进人的品质、德行提升的资源①。

按照德育资源存在的方式,小学德育资源可以分为显性资源和隐性资源。显性德育资源,顾名思义,就是看得见、摸得着的,能够直接被利用的德育资源。隐性德育资源是以潜在的方式,对德育活动施加影响的精神状态的资源,如社会生活方式、社会风气、人际关系、校园文化、师者风范等。隐性德育资源在学生的思想品德形成中往往发挥着潜移默化的作用。

三、小学德育资源的开发与利用

小学德育资源要在小学德育中发挥作用,需要对其进行开发和利用。如何开发更多可用的德育资源,如何使现有的德育资源发挥更大的效用,即如何盘活小学德育资源是当前德育研究的一项重要课题。

(一)明确德育资源开发与利用的影响因素

1.物质条件

学校物质条件是盘活德育资源的物质保障。物质条件的优劣程度,影响着德育资源的开发与利用程度。现代化的教学设备和教育手段无疑为开发和利用德育资源提供了高质量的平台,使德育资源的开发更加容易。而落后的教学设备与手段无形中增加了德育资源开发的难度,降低了德育资源使用的效率。当然,物质条件并不起决定作用,只要德育工作者有心、用心,物质条件落后也同样可以开发出优秀的德育资源。

2.财力条件

一定的经费投入是德育资源开发与利用的财力保障。没有相应的经费保障,德育经费投入不足,势必影响德育相关的设施、设备的更新,甚至教师队伍的稳定,德育活动的开展也会受到影响。这在客观上会抑制德育资源的开发与使用,最终使德育实效滞后,出现德育效果与社会需求不一致的局面。

①韦荣娜.人本管理思想在小学德育管理中的实践研究[D].南京:南京航空航天大学,2020:17-19.

3.文化条件

文化条件在这里主要指学校的文化氛围,包括校风、学校的历史传统、学校人际氛围、学校领导、管理方式等。学校文化氛围积极、和谐,会更有利于德育资源的开发与利用。例如,教师间相互合作、相互支持,则他们之间可以资源共享、经验共享、经历共享,这会大大提高德育资源的使用效率。校长和学校管理者如果能在工作中重视德育,具有较强的德育意识,并实施民主的管理方式,就可以促进教师参与意识的形成,并积极参与到德育资源的开发与利用中来。

4.开发利用者自身的素质

德育资源开发与利用最终还是由人来完成的,因此,开发利用者自身的素质决定着其对德育资源的认识程度。开发与利用同样的资源,有人可以做到游刃有余,出神入化,而有人则可能视而不见,无法充分发现其价值。可以说,开发利用者自身的素质直接影响德育资源开发与利用的广度和深度。

(二)发挥教师在盘活德育资源中的主导作用

教师是盘活德育资源的主导力量,在德育资源的开发与利用中,发挥着主导作用。学校开展德育资源管理,必须充分发挥教师的主导作用。但是,当前教师在德育资源的开发与利用方面还存在着一些问题,具体表现为:第一,教师缺乏基本的德育资源意识。很多教师的德育资源意识比较淡薄,甚至有的教师不知道什么是德育资源,更谈不上主动去开发。第二,教师缺乏科学的德育资源开发意识,把德育资源开发简单理解为编写教材或者开设新课。第三,教师缺乏开发德育资源的正确方法。方法不科学,会影响开发的效果,甚至会浪费德育资源。第四,教师缺乏一定的资源整合能力。面对纷繁的德育资源,教师无法进行有效整合,更难充分发挥资源的效用。由此,要开发与利用德育资源,必须抓住教师这支主导力量,增强教师对德育资源开发与利用的意识,提高教师对德育资源开发与利用的能力,提升德育资源开发与利用的效果。

（三）科学开发与利用各种德育资源

1.教师资源的开发与利用

教师作为德育资源，主要表现为教师的人格资源和知识资源。教师的人格资源是影响德育工作成效的关键资源。教育是以人格塑造人格的事业。在与学生交往的过程中，教师的人格魅力可以转化为学生的良好人格与品质。这就要求教师首先要完善自己的人格，提升自己的品质，并在与学生的交往中，信任、尊重和热爱学生，为人师表，以身作则，潜移默化地影响学生。

教师的知识资源是影响德育工作成效的重要资源。开发和利用教师的知识资源，第一，需要指导教师建立科学的T型知识结构。一方面，要具备广博的知识面；另一方面，要在教育科学和所教学科方面具有精深的知识，并在此基础上建立广博与精深相结合的知识结构。第二，需要调动教师的积极性和主动性。教师既是知识传播的主体，又是知识创新的主体。传播知识需要教师投入情感，创造知识更需要教师充分发挥其能动性。

2.学生资源的开发与利用

学生不仅是教育的对象，更是教育的主体。学生的经验、兴趣甚至是"错误"都是重要的德育资源，而且这种资源具有其他资源所不具备的特殊性，即内生性。学生资源是以生命为载体的课程资源，当其获得开发与利用时，不仅不会损耗、销蚀，相反，可以在一定范围内实现知识资源共享、重组与整合，还能超出知识的界限，取得师生、生生之间的情感交流、思维碰撞等意想不到的效果，从而产生出比自身价值更大的价值。

对学生资源的开发与利用可从以下几个方面着手：第一，把学生已有的经验作为一种资源加以利用。对学生经验的了解来源于与学生的交流，与家长的沟通，只要注意对学生经验的了解，抓住重点事件或突出事件，就可以使这些经验成为有较强感染力的德育资源。第二，抓住多数学生感兴趣的事物或事件进行研究，找出共性，以此作为德育资源开发的基础，并找出最契合德育目标的兴趣资源，然后有选择地、创造性地把兴趣资源带入德育实践中。

3.课程教学资源的开发与利用

各种课程的教学是德育资源开发与利用的主渠道。道德品质的形成是知、情、意、行的过程,缺一不可。课堂教学在提高学生道德认识方面起着非常重要的作用。但仅有认识还不足以影响学生的行为,要真正推动学生的道德认知转化为道德行为,还要依靠情感的作用。这就要求教师在课堂教学中,不仅要灌输道德认识,更要激发学生的道德情感,引导学生进行道德体验。还要将道德意志内化于学生的自觉行为中,使小学生在面对复杂的社会生活时,能够凭借内心的信念做出符合道德行为的选择。活动和交往是道德行为形成的主要途径,教师要善于利用各种活动和交往,强化学生的道德行为。

4.历史资源的开发与利用

我国有着五千年的悠久历史,丰富的历史资源也是德育资源的重要内容。历史人物的道德形象可以帮助学生提高道德认识,历史事件中的历史使命感和责任感可以激发学生的道德情感,历史人物的理想信念可以砥砺学生的道德意志,优秀的传统道德文化可以培养学生良好的道德行为。可见,历史资源在道德品质形成的知、情、意、行过程中都能找到恰当的可用信息。

5.社会资源的开发与利用

所谓社会资源,是指社会上一切有利于提高人的思想政治水平、塑造人的美好心灵、形成科学世界观的资源。可作为德育资源的社会资源主要包括社会人力资源、自然资源、社会建设成就等。

社会人力资源主要是指社会各界专业人才,他们可以为学生提供各种专业教育。这种专业教育蕴含的道德、人生、信念、审美等内容,对培养学生的思想品德可以发挥一定的作用。在社会人力资源中,家长和社区名人的作用最大。学校不仅要对家长进行家庭教育的指导,提高家庭教育的质量,从而营造有利于小学生良好品德行为习惯形成的环境。还要注意开发和利用家长的特长资源,可以根据教育的需要,请家长来学校讲课或表演,也可聘请他们担任课外辅导员等,充分发挥他们的作用。除此之外,社区名人也可以起到榜样示范、引导和激励的作用。

自然资源对思想品德的形成与发展有潜移默化的影响。自然资源包括山川河流、花草树木等。我国古代就有山水塑造人格、培养道德的思想。自然资源不仅可以使人感受美、欣赏美，还可以使人展开丰富的联想和想象来加强审美体验。

国家的建设成就是最具有活力的思想道德教材。例如，长江大桥、京九铁路、雄伟的大厦、美丽的公园、宽敞的街道都可以作为爱国主义教育的活素材。

6.传媒和网络资源的开发与利用

传媒资源不仅形式多种多样，而且具有生动形象、图文并茂的特点，对小学生极具吸引力，具有良好的教育效果。在广播、影视、报纸、杂志等传媒中，都有一些兼具时代性、思想性、趣味性的优秀作品，学校可以利用传媒资源对学生进行思想道德教育。

现代社会，网络资源已成为不可忽视的隐性德育资源。充分发挥网络资源的作用，必须注意其导向性，保证网络信息的积极向上。学校还要积极推进网络信息资源的开发，例如，开办网络课堂，建立校园网络论坛，建立网络课程资源库等。

第三节　小学德育管理的实施

一、小学德育的计划管理

计划是开展活动的重要依据，小学德育管理同样需要计划管理。小学德育计划应按照小学德育大纲的要求，密切结合小学实际情况来制订。

小学德育计划可以从不同角度分为不同的计划。按时间来划分，小学德育计划可以分为学年计划、学期计划、月计划、周计划等。按部门来划分，小学德育计划可以分为教导处计划、共青团计划、少先队计划、年级组计划、班主任计划等。按内容来划分，小学德育计划可以分为全面性计划和专题性计划等。

制订小学德育计划，必须与学校实际状况相结合，要求适度，注重实效。要力避形式主义、可行性欠缺等问题。

二、小学德育的组织管理

小学德育的组织管理，是指建立必要的德育管理机构，形成完善的组织系统，制定行之有效的管理程序。

（一）小学德育管理组织机构的设置类型

1. 二级制和三级制

在纵向上，德育管理组织机构可采用二级制或三级制。所谓二级制，就是在校长领导下，设立教导处或政教处，作为校级德育管理职能机构，班级作为学校德育工作的基层单位，构成校、班二级德育管理系统。学校的少先队、学生会，隶属于党组织领导系统。教学班建立班委会、少先队中队等学生基层组织。所谓三级制，是指在某些规模较大、年级数和班级数都较多的学校，在校与班之间增设年级组，统管本年级的德育工作，形成校、年级、班三级德育管理系统。

2. 教导合一制和教导分立制

在横向上，德育管理组织可以采用教导合一制或者教导分立制。所谓教导合一制，是指在校长之下只设立教导处，作为校级德育管理职能机构。在这种模式中，教导处既管教学又管德育，既管教又管导，教和导合二为一。但在教导处内，教务工作和德育工作分别有专人负责，分工管理，分工不分家。所谓教导分立制，则是在校长之下分设教导处（教学处）和德育处（政教处），前者主管教学工作，后者主管德育工作。一般情况下，规模较小的学校常采用教导合一制，规模较大的学校则可实行教导分立制。

（二）小学德育管理组织体系的构建

无论按照何种类型设置德育管理组织机构，各机构都应相对独立、相互制约、相互支持，形成一个功能完善、运行有序的体系。这一体系应当由以下一些子系统构成。

1.指挥系统

指挥系统的主要职能是制定学校德育计划和政策,指导德育工作实施,检查德育工作的进程和效果。指挥系统应由校长统一领导,党支部处于政治核心地位,参与决策。

2.协调系统

协调系统的主要职能是在以校长为首的决策中心领导下,负责落实全校德育工作计划,协调各部门在德育工作中的关系,制定德育工作制度和学生行为规范,运筹大项德育活动,开展校外德育公共关系,组织校内德育科研。承担此项职能的机构主要是教导处或政教处,共青团委员会和少先队大队部也承担部分协调职能。

3.执行系统

执行系统的职能是按照学校德育计划开展集体的或个别的教育活动,并根据自身特点和需要独立工作。这一系统主要由各年级组、教研组、班级、职能部门及所有师生员工组成,其运作状况和工作质量直接关系到德育管理的成效。

4.支持系统

支持系统的职能是向学校德育提供各种形式的支持,以保证德育工作的顺利进行。它主要包括四个方面:第一,领导机关支持系统。这是以直接上级领导机关为主的各级领导机构,它们向学校德育提供物质、信息、政策及行政上的支持。第二,专家支持系统。这个系统能为学校德育决策科学化提供支持与帮助。第三,家长支持系统。家长是参与学校德育工作的一支重要力量,能为学校德育提供多种形式的帮助。第四,社会支持系统。包括新闻媒介、社区有关单位等,可以为学校德育创设良好的外部环境。

5.监督系统

监督系统的职能是检查、督促德育工作的开展,提出改进建议,对德育工作进行评价。监督系统包括学校内部监督系统和学校外部监督系统。学校内部监督系统由党支部和教职工代表大会组成,这个系统对学校情况有相对具体的把握,但在实践中有可能出现自我保护的倾向。学校外部监督系统由主管领导机关、学生家长,以及社区公众、舆论机关组成,这个系统更易于做到客观公正,但监督的连续性和深入程度受到客观条件的限制。因此,在德育管理实践中,应充分发挥两个监督系统的作用[①]。

三、小学德育的制度管理

小学德育的制度管理,是指由教育行政部门和学校管理者,通过建立和健全各项德育工作规章制度,并对规章制度严格执行,从而实现对德育工作的规范化管理。

(一)小学德育管理的基本制度

1.岗位责任制度

岗位责任制度是将学校内部与德育工作相关的各个岗位的工作范围、职责要求、岗位权限等加以明确,并以制度的形式确定下来,用以规范每个人的工作行为。

2.检查评比制度

建立健全的检查评比制度,目的是及时了解德育工作的进度、质量。没有检查评比制度,德育工作容易陷入放任自流的境地,各项工作的动态难以把握,德育的最终质量也就无从保障。

3.奖惩制度

奖惩是检查评比的自然延伸。合理的奖惩制度具有激励先进、鞭策后进的功效。检查评比的结果应与奖惩措施挂钩,这样才有利于调动教师的工作积极性。

4.协调制度

做好德育工作,需要学校、家长和社会各界相互支持与配合。学校要建立与完善德育的协调制度,设立家长委员会、社区教育委员会等机

---

① 寻广访. 小学德育实践活动存在的问题及对策研究[D]. 牡丹江:牡丹江师范学院,2020:41-46.

构,并通过他们加强与家庭、社会的沟通,使学校德育、家庭德育和社会德育协调一致。

5.研究制度

德育和德育管理都是科学,把握其中的规律有助于工作的开展。学校管理者应重视研究德育和德育管理的现状,分析德育工作面临的形势,剖析学生的思想动态,探讨改进德育和德育管理的具体方案。

(二)小学德育管理制度的实施

1.完善德育的规章制度

德育制度管理首先要完善德育的规章制度。德育的规章制度既包括上级颁布的,也包括学校自行制定的。对于上级颁布的规章制度,学校应拟定具体的实施细则,以保证在学校中得到落实。学校自行制定的规章制度,应与上级颁布实施的规章制度相一致。

2.严格执行各项制度

完善规章制度,仅是制度管理的第一步;严格执行,才是制度管理的中心环节。为了更好地执行规章制度,学校管理者要加大宣传的力度,使人们了解规章制度的内容,理解规章制度的意义,自觉地遵守规章制度。在规章制度的执行过程中,要有必要的检查措施和信息反馈,促使师生员工更好地遵循规章制度的要求。

3.及时修订规章制度

规章制度必须具有相对稳定性,才能提升其严肃性、权威性,但这并不等于说规章制度不可更改。随着形势的发展,规章制度中的某些内容可能会变得与现实不符,如果实践证明这些条款已经不再适用,就要及时地进行修订。如果死守旧的制度不变,就会使德育制度管理走向僵化。

四、小学德育的途径管理

德育目标的实现必须通过一定的途径去完成,对这些途径的开拓、完善、协调等活动,就是德育途径管理。德育工作的基本途径有政治课和各科教学、班主任工作、学生的自我管理和德育活动等,其中,政治课和各科教学是德育工作的主要途径。

(一)政治课和各科教学

政治课是对学生开展德育的主要课程。学校领导应派专人负责政治课的建设,保证教师的配备和教学时间。在此基础上,要加强政治课的教学改革。在教学内容上,要打破书本和课堂的局限性,增加时代气息,学生普遍关注的内容;在教学方法上,要改变单纯灌输的老方法,尝试课堂讨论、案例分析、实践体验等方法;在考试评价上,要摆脱传统教育的束缚,不仅检查学生对知识点的掌握,更要关注他们分析现实问题的能力和平时的表现。

各科教学也是德育的基本途径。各科教师都应树立强烈的德育意识,以自己所教学科的知识体系为主线,在传授知识的同时渗透德育。通过教学开展德育,要注意规避德育一般化、随意化的倾向。学校也应组织力量在学习研究课程标准和教材的基础上,归纳出各学科、各章节的德育渗透点,供教师在备课、上课等教学环节参照执行。

(二)班主任工作

班级是学校开展教育教学及管理活动的基本单位,班主任是班级教育工作的组织者和领导者。作为德育工作的骨干力量,学校大部分的德育任务和要求都要通过班主任去贯彻落实。因此,班主任工作的优劣直接关系到德育工作的成效,影响学生的成长发展。

开展班主任工作管理,第一,要做好班主任的选择和配备工作。学校要选择思想品德好、业务水平高、组织能力强的教师担任班主任。第二,要建立健全班主任工作制度,例如,班主任例会制度、班主任家访制度、班级评优制度、班主任岗位职责考核制度等,使班主任工作有章可循。第三。要充分理解、信任班主任,帮助他们解决工作中的实际困难,并提供进修培训的机会,不断提高班主任的业务水平和管理能力。

(三)学生自我管理

共青团、少先队、学生会是学生开展自我管理的重要舞台,这些组织要在学校党政和上级有关部门的领导下,团结全体学生,积极开展学习、科技、文体、公益劳动等各种活动,使学生得到全面的发展。共青团、少先队、学生会组织的性质,决定了对其管理要防止两种不良倾向:一是纯政治化倾向,即一味进行政治说教,忽视学生的特点;二是纯文娱化倾向,即热衷于文化娱乐活动,放弃对学生进行必要的政治思想教育。教育行政部门和学校要把团队会的管理,作为自身工作的有机组成部分来对待。要注意将共青团、少先队、学生会的活动计划与班级计划、学校计划、教育行政部门的计划协调起来,提供一定的物质条件,配备合适的辅导教师,支持和指导共青团、少先队、学生会开展有意义的活动。

此外,要协调好共青团、少先队、学生会三者之间的关系,使之能在根据学生特点,按照教育规律、遵循组织原则的前提下,独立自主地开展工作,充分发挥各自的组织职能。

(四)德育活动

德育活动是学校开展德育工作的重要途径,对学生思想品德的充分、全面发展具有重要意义。精心设计和实施的德育活动,能够满足学生的心理需求,为学生提供施展才华的机会,为学生开辟思想对话、感情交流、建立友谊的场所,使学生在不知不觉中愉快地接受教育。

对德育活动进行管理,应着重做好以下几方面的工作。

1.做好德育活动的规划工作

德育活动的设计应体现有序性原则,根据学生的年龄特征、知识范围,紧密联系政治课的内容进行精心设计。每次活动内容之间要有连续性,可把每个学期作为一个阶段,每个阶段的活动有铺垫、有高潮、有发展。在活动的安排上应坚持以学生为主体,充分考虑学生的需要和兴趣,还可以适当吸收学生共同参与德育活动的规划工作。

2.提供人力、物力的保障

学校的德育活动主要有政治教育活动、课外活动、校外活动、社会实践活动、团队活动、学生活动以及经常性的校会、班会、各种纪念会、庆祝会等。这些德育活动的开展,均要求管理者对人、财、物、时间、空间和信息进行科学组织,使德育活动能获得必要的资源。

3.对德育活动加以指导

各种德育活动都应体现学生的自主性,但这并不意味着彻底排斥教师的作用。在德育活动的组织与实施过程中,教师不应包办代替,而应起到指导作用。

五、小学德育的内容管理

德育内容是指德育活动所要传授的具体道德价值与道德规范及其体系。德育内容是德育整体工作的重要组成部分。科学地界定小学德育内容,是提高小学德育实效的重要任务之一。具体地说,对德育内容的管理应注意以下两个方面。

(一)德育内容既要全面,又要突出重点

《小学德育大纲》规定了我国小学德育的内容。小学生应该接受全面的思想品德教育。但是德育内容很多,不同年龄阶段的学生身心发展特点不同,应根据小学生的发展特点,安排适合的德育内容。小学阶段德育工作的重点,主要包括基本道德和行为规范的教育,公民道德与政治品质的教育,世界观、人生观和理想的基础教育。要真正做到德育内容既全面又突出重点,就要用全面的观点制订计划。例如,制订小学一年级的德育计划,要从小学一年级学生的特点出发,结合社会现实,全面列出一年级学生应该接受的思想品德教育内容,在此基础上突出重点内容,加强检查指导。有些内容是常规管理内容,不需要管理者花费太多的精力,但对于重点内容,就必须在管理上加大力度,给予足够的重视,反复强调,并采取一定的措施加强检查工作。

(二)德育内容要符合学生的身心特点

小学生由于身心发展的限制,其接受能力是有限的。德育内容一定要符合小学生的特点,避免人为地拔高或空洞的说教。

六、小学德育的方法管理

当前德育工作实效性较低的原因之一,就是方法单一、形式主义。

要改变这种现状,提高德育的实效性,需要从以下几个方面着手:第一,应该提高教师的德育水平。教师是对学生直接实施德育的人,只有提高教师的德育水平,才能使他们灵活运用多样的方法开展德育。对小学生开展德育可使用的方法很多,例如,说服教育法、情感陶冶法、实际锻炼法、榜样示范法等。要指导教师根据小学生的具体情况,结合实际环境和德育内容,选择合适的方法。第二,要开展经验交流活动。学校可以定期或不定期地开展德育工作经验交流活动,提供平台,让教师相互学习借鉴。第三,鼓励德育方法创新。学校要倡导教师不断探索新的德育方法,奖励教师的探索行为,不断丰富小学德育方法体系。

第七章　小学教育的校园文化建设管理工作

第一节　小学校园文化的概念与结构

一、小学校园文化的概念

（一）文化的概念

"文化"一词,在中国古代原指"以文教化"。但最初,"文化"是分开使用的。最早将"文""化"两个字联系起来的是《易·贲卦》的《象传》:"观乎天文,以察时变;观乎人文,以化成天下。"这里的"人文"指文化典籍与礼仪风俗,意思是说须观察人文,使天下之人均能遵从文明礼仪,已经具有"以文教化"的思想。西汉以后,"文""化"方合成一个整词,用以表示对人的性情的陶冶和品德的教养。譬如,西汉学者刘向的《说苑·指武》称:"圣人之治天下也,先文德而后武力。凡武之兴,为不服也。文化不改,然后加诛。"这里的"文化"指"文治教化",与武力征服相对。在西方,"文化"一词来源于拉丁文 cultura,原意指农耕及对植物的培养。自15世纪以后,其含义逐渐扩展,包括了对人的品德和能力的培养。比较公认的文化概念,最早出现于英国文化人类学家泰勒1873年所著的《原始文化》一书。在书中,泰勒认为,文化是一个"包括知识、信仰、艺术、道德、法律、习惯以及作为社会成员而获得的种种能力、习性在内的一种复合体"。自泰勒提出文化的概念后,有关文化的解释、定义层出不穷,但至少都包含以下三个基本点:文化是一种复合体;文化是人在社会生活中创造出来的;文化是一种普遍现象。

（二）组织文化的概念

文化是一种复合体,融合着人类创造的一切物质和精神的成果。它作为人类社会整体结构不可缺少的组成部分,潜移默化地渗透到社会的各个领域及各种社会成员身上,表现出各种不同的形式,如政治文化、经济文化、企业文化、教育文化等。

而多种多样的文化形式都是在一定的组织形态中表现的,因此,管理学界把这些文化形式统称为组织文化。组织文化的概念最早由美国波士顿大学组织行为学教授戴维斯在其1970年出版的《比较管理——组织文化的展望》一书中提出。1971年,美国管理学大师德鲁克在他的代表作《管理学》一书中,把管理与文化明确地联结起来。他认为:"管理也是文化。它不是'无价值观'的科学。"

组织文化的研究热潮兴起于20世纪80年代的美国,其起因是经济竞争的日益国际化和日本经济与管理对美国产生的冲击与震荡。其标志是几乎同时出版的,被称为组织文化研究"新潮四重奏"的4本畅销书:威廉·大内的《Z理论——美国企业界怎样迎接日本的挑战》(1981年);托马斯·彼得斯和罗伯特·沃特曼的《追求卓越——美国杰出企业成功的秘诀》(1982年);特伦斯·迪尔和艾伦·肯尼迪的《企业文化——现代企业的精神支柱》(1982年);理查德·帕斯卡尔和安东尼·阿索斯的《日本企业管理艺术》(1982年)。

（三）小学校园文化的概念

各级各类学校都属于社会组织,与其他社会组织一样,拥有属于自己的文化。美国学者华勒于1932年在《教育社会学》一书中最早提出"学校文化"的概念。他认为学校文化是"学校中形成的特别的文化"。根据这样的理解,可以认为,小学文化就是在小学组织中形成的特别的文化。具体而言,小学学校文化就是指在一所小学内部形成的,被其成员共同遵循并得到同化的价值观体系、行为准则和思想作风等的总和。它是一所小学的综合个性的体现。

第一,小学学校文化具有内生性。小学学校文化是在一所学校内部历经长期的办学实践逐步积淀而成的,蕴含着丰富的属于学校特有的历史、人物、故事、传统等。它既不可能被"拿走",也不可能被"拿来"。小学学校文化是情境的、事实的,不是来自外面的。小学学校文化的建设者需要在情境和事实中构建、滋养和培育学校文化。

第二,小学学校文化具有学校个性。任何小学的学校文化都既有学校文化的共性,又具有属于自己的个性,而且更重要的是个性。不仅国与国、民族与民族之间的小学学校文化存在差异,即使一国之内、同一地区的小学校之间也会存在差异。每一所小学都会有属于自己的文化个性,并以此与其他学校相区别[①]。

第三,小学学校文化具有整合性。小学学校文化是一个整合为一的统一体,学校文化的各个部分互相依倚,难以分解。我们在研究中将文化形态分解为不同的元素和成分,只是为着研究的方便。所以,观察、了解、学习一所学校的文化,必须依据整体的观念。

第四,小学学校文化具有深层次性。学校文化由外而内、由浅入深,具有不同的层次。小学学校文化最主要的部分是学校的价值观体系、行为准则、思想作风、人际关系、精神楷模等深层次的内容,而非学校物质层面的建设以及学生社团活动、各种节庆活动等。

二、小学校园文化的结构

小学校园文化是一个极其复杂的整体结构,按照由表及里的顺序,小学校园文化包括物质文化、行为文化、制度文化、精神文化四个层次。

(一)小学校园文化的核心

价值观是一个组织的基本理念和信仰,构成了企业文化的核心。小学校园文化的核心是小学的价值观。如果将物质文化、行为文化、制度文化、精神文化比喻为4个同心圆的话,那么价值观就是圆心。价值观埋在学校文化圈层的最深处,看不见,摸不着。

学校价值观是学校师生员工在教育实践过程中推崇的基本信念和奉行的工作目标,是全体成员一致认同的对学校教育意义的终极判断。

[①]陈振贵. 小学校园文化建设管理分析[J]. 文理导航(下旬),2022(4):52-54.

虽然,价值观不像组织结构、规章制度、战略和预算那样"刚性",而且常常并未用文字表述出来,但对文化的各个层面起着最终的制约和影响作用。一所小学做什么、不做什么,赞同什么、反对什么,表扬什么、批评什么,重视什么、轻视什么,其背后都是价值观在发挥着作用。价值观是一所小学生存与发展的精神支柱,决定着学校的基本特征,规定着学校的发展方向,对师生员工的行为具有规范和导向等多方面作用。小学校园文化由内而外的各个圈层,都应与价值观保持一致。

(二)小学校园文化的结构

小学校园文化以价值观为核心,文化的其他方面都是围绕价值观来形成的。

1.精神文化

小学精神文化是学校在长期的教育实践中形成的,并为全体或大多数师生员工接受、认同、遵循的精神成果与文化观念。精神文化包括学校的办学理念、思想作风、办学历史传统、英雄模范人物、仪式庆典等。精神文化处于学校文化总体结构的深层部位,是学校一切工作和行为的理念导向。精神文化植根于学校的办学历史进程中,赋予学校特有的个性魅力,对师生员工产生巨大的影响作用,特别对学生的全面发展和终身发展,发挥着特殊的功能。

美国管理学家迪尔和肯尼迪在《企业文化——企业生活中的礼仪与仪式》一书中,专门就英雄人物、故事传统和仪式庆典做了详尽的阐述,认为"企业中的英雄人物提供了一个有形的、他人可以效仿的榜样……把人们更深地联系起来。定期的庆典活动灌输了一种神圣的精神,令人们记住他们共同的价值观和目标。故事承载着价值观,经过人们一遍又一遍的讲述,形成了一种社会性胶水,把人们与那些真正重要的东西联系起来"。书中将仪式、庆典等定位为组织的"象征性活动",即文化的象征,指出仪式让文化以一种富有凝聚力的方式显现出来,是"文化的标志"和"现实体现"。在每种仪式背后,都有一个体现了文化核心信念的寓意。庆典是组织的"聚焦点",庆典活动使文化得以充分展现,并提供那些能被员工铭记在心的经历和体会,如果做法恰当,庆典将会将价值观、信仰和英雄形象深深地刻在员工的脑海和心灵中。组织通过仪式、庆典,生动形象地展示文化,对组织的价值观和信念进行强化和渗透。

根据以上有关组织精神文化的论述,可以看到,小学的仪式、庆典等在学校的发展中发挥着重要的作用。第一,将核心价值观外化。价值观是文化的核心,但价值观看不见、摸不着,难以准确把握。而组织的仪式、庆典等则能透露很多信息,例如,学校成员是怎样思考的,他们看重的东西是什么等,借此将价值观外化为可以观察、体会的信息。第二,强化核心价值观。通过仪式、庆典等,学校成员能更多地了解学校的价值观,更深刻地认同学校的价值观。第三,加强学校成员之间的联系。仪式、庆典提供了学校成员交往、沟通的平台。第四,给学校成员留下深刻的记忆。

学校的英雄人物是学校活生生的标识,他们的言辞和行为表现着学校热切的期待和理想。学校把什么样的人树为英雄人物,就在展示和引导着不同的价值观。英雄人物并非只存在于学校组织的高层,事实上,英雄存在于学校的各个层级和角落,无论其具体处于学校什么样的岗位。学校对英雄人物做出的贡献给予认可和表扬,就是在巩固和强化学校的核心价值观。

2. 制度文化

小学制度文化是学校在实践精神文化的过程中形成的管理制度、管理文化及其实施的保障机制等的总和。制度文化通过明确告知行为者什么是应该做的、什么是被鼓励的等,为学校的价值观外化为师生员工的自觉行为起到规范和保证作用。

3. 行为文化

小学行为文化是学校全体成员在精神文化引领下,在制度文化规范下所形成的,为社会认可,并具有学校个性特点的行为方式,以及承载和表达这些行为方式的活动的总和。小学行为文化包括校风、人际关系、行为举止、文明礼仪等。

4.物质文化

小学物质文化是学校文化的外在标志,是在教育实践过程中,由学校成员创造的,以物质形式表达的学校表层文化。学校物质文化往往与视觉、听觉识别系统联系在一起,是学校文化的物化表达形式,能够让学校文化可见可闻。小学物质文化主要包括学校物理环境和文化设施等物质载体。其中,物理环境主要包括学校建筑、学校布局、校园景观、绿化美化、设施设备等,文化设施主要包括图书馆、网络设备、展示橱窗等。

第二节　小学校园文化的特点与功能

一、小学校园文化的特点

(一)小学文化是一种亚文化

亚文化(subculture),又称"次文化""小文化""集体文化"或"副文化",是社会学中的名词,是一个相对的概念,是相对于主文化(也称"母文化")而言的,是指在某个较大的主文化中的较小文化。规范地说,亚文化是指在主文化或综合文化的背景下,属于某一区域或某个社会组织所特有的观念和生活方式。一种文化通常可以包含很多亚文化。亚文化不仅具有与主文化相通的价值与观念,也有属于自己的独特的价值与观念。

相对于社会的主文化而言,所有学校组织的文化都是亚文化,都是在社会主文化背景下形成的,与社会主文化具有密切的关系,受到主文化的制约和影响。同时,作为亚文化,学校文化又具有自身的特殊性,并由此与社会主文化以及其他亚文化相区别。强调管理的教育性,就是学校文化的一个重要特点。学校文化作为亚文化,在接受主文化的影响和制约的同时,还会以自身特有的方式反作用于丰富社会主文化或纯化社会主文化。

（二）小学校园文化是主动建设的文化

文化从其形成过程而言,可以有两种情形:一是自然形成的文化;二是有目的、有计划建设的文化。学校文化作为以育人为宗旨的学校组织的文化,不是自然形成的文化,而是教育工作者有目的、有计划建设的文化,体现着社会和学校对教育工作以及受教育者成长结果的理想和期待。

（三）小学校园文化是过滤了的文化

社会主文化博大深厚,但同时也存在着一些芜杂和糟粕,不利于未成年人的健康成长。学校文化建设必须对社会主文化进行甄别、过滤,选择吸收主文化中的精华,剔除其中的糟粕,并通过学校教育和管理活动加以整合、改造,将其纳入学校文化的体系,形成学校文化的一部分。

（四）小学校园文化是综合性的文化

学校教育工作是成年人向年青一代施加影响的过程。在这一过程中,虽然有个体教师的流动变更、个体学生的毕业离校,但永远有教师群体与学生群体的存在,也就永远客观存在着两种文化,即成年人的文化和年青一代的文化。学校文化永远是成年人文化与年青一代文化的综合体。

（五）小学校园文化是对立统一的文化

学校文化是一种对立统一的文化。教师与学生是学校的两类主要成员,二者由于成长时代、年龄资历等原因,在文化上必然存在差异,形成教师文化与学生文化的对立和冲突。通过教师合理而适当地运用权威,可以变师生文化的冲突对立为统一。在一次文化统一过后,新的文化对立冲突又会出现,教师仍需运用权威,实现新的统一。学校文化就是在不断的对立中,走向不断的统一。

二、小学校园文化的功能

（一）导向功能

导向，即引导方向。小学文化的导向功能是指学校文化可以引导学校组织和师生个体的价值取向和行为取向，使之符合学校的价值观和奋斗目标。

学校文化集中反映了学校成员的共同价值观、理念及利益，因此，它对学校成员具有一种强大又无形的感召力，可以把学校成员的理念和行为引导到学校既定的目标方向上来，使学校成员为实现学校目标而共同努力。

学校文化通过明确学校的价值取向、行动目标来发挥导向功能，并以此对学校成员的思想和行为进行引导。这正如迪尔和肯尼迪在《企业文化——企业生活中的礼仪与仪式》一书中强调的："我们认为人是公司最重要的资源，对人的管理并不是直接利用电脑报告就能做到的，而是要运用文化的微妙影响。"

（二）规范功能

小学文化的规范功能也被称为"约束功能"，是指小学通过形成被学校成员共同认可的价值取向与行为准则，在学校中形成一种无形的、内隐的行事准则和习惯方式，使学校成员在从众心理的影响下，自觉运用这些准则和方式等约束自己的言行。

小学文化的规范或约束功能的实现，不是依赖强制的规章制度，而是基于人的从众心理。在任何文化中，都很少有人愿意长期独自徘徊于文化之外。文化是人类创造出来的，反过来，它又规范和制约着人们的思想和行为。生活在某种文化背景下的人，就必须去适应这种文化，否则必为群体所不容，文化虽不是正式的规则或政策，但它最终决定了你可以做什么、不可以做什么。学校文化更主要的表现是"不成文的规则"。学校也许不会给每个成员一本关于在学校中应该或不应该的规则的小册子，校长也不会整天明显地按照这些规则进行管理，但这些规则真实地存在着，并深刻地影响和制约人的思想和行为。任何组织成员都必须清楚地了解它们,否则就会被看作不懂得做事规则的人,难以在这个组织中立足,或被其他成员孤立。一个人的言行会在学校其他成员的影响下走向学校文化所期待的方向,同时,学校组织的价值观一旦被组织成员发自内心地认同,组织成员就会自觉地按照这些观念和规范去言行,产生一种理应如此的感觉。如果违规,即使不为人知或不被指责,也会感到内疚不安而反省自己。这正如美国管理学家彼得斯和沃特曼指出的,文化越强有力,越用不着什么政策手段或巨细无遗的详尽的规章秩序①。

(三)融合功能

学校的师生员工是带着各自的特质和差异来到学校的。由于个体的特质和差异的影响,可能会使师生员工在价值观、思想、行为等方面产生冲突。小学文化的融合功能是指良好的学校文化可以通过消除隔阂差异,将特定的价值观念、思想作风、行为准则等,融化为学校成员的内在素质,形成主流价值认同,使具有不同特质的组织成员为了实现组织的共同愿景而求同存异,协调合作。

学校如果没有良好的文化,会导致组织成员遇事只顾自己或只顾小团体利益而放弃组织整体的利益,会导致利己主义的文化。当需要密切配合时,他们无法很好地配合。当来自不同文化的人们聚集在一起时,每个人听到的都是不同的声音。在这种状态下,组织成员不仅不可能在价值观上与学校保持一致,甚至会以自身的不良价值观削弱学校价值观的力量,最终受损的是学校组织的长远发展。

如果学校拥有良好的文化,就可以使学校成员形成一种共识,即学校的共同价值高于个人价值,共同协作高于个人单打独斗,集体利益高于个人利益,就可以通过团队、信任、友谊、合作、批评等方式,使师生员工在每天的耳濡目染中,逐渐把自己的价值观与学校的价值观统一起来,自觉以学校的共同利益为重,为实现学校的共同愿景去工作。每当涉及利益冲突时,师生员工总会首先想到"我们",想到集体和学校的利益。

①金安绪. 探析小学校园文化建设的实践路径与现实意义[J]. 读写算,2021(2): 81-82.

（四）凝聚功能

小学文化的凝聚功能是指文化就像一种强力黏合剂，能把全体学校成员紧密地联系在一起，使大家同心协力，为实现学校组织目标而努力。

凝聚功能的表现是通过共同的价值观，使组织内部存在共同的目的和利益，并使其成为组织成员的精神支柱，从而把组织成员紧密地联结起来。西南航空公司的编年史《我为伊狂》一书中说："文化是把一个组织凝聚到一起的黏合剂。"星巴克的首席执行官霍华德·舒尔茨说："如果人们把自己与为之工作的公司联系在一起，如果人们对公司形成一种感情的纽带并且认同公司的梦想，那么，他们将会全心全意地把公司建设得更好……"

（五）辐射功能

小学校园文化的辐射功能是指良好的学校文化一旦形成较固定的模式，不仅会在学校内部发挥作用，还会通过各种渠道传播到社会上，丰富或纯化社会文化，进而塑造学校良好的形象。

学校是人才聚集的场所。学校不但可以在知识、技术方面影响社会，而且在树立标准、展示理想、坚定信念方面也可成为社会文化的先导。事实上，许多具有时代气息的先进思想、口号都是在校园首先亮出，而后深入社会民众之心的。

学校文化的辐射功能主要是通过或借助以下途径实现的：第一，软件辐射。即通过学校精神、价值观、伦理道德向社会扩散，与社会产生某种共识，并为其他学校或组织借鉴、学习和采纳。第二，产品辐射。学校的产品就是学校培养的学生，学校通过学生的质量向社会辐射，使外部社会成员，如学生毕业后进入的初中学校，学生所居住的小区、乡村的公众等，由学生的各方面表现推知学校的价值观。第三，人员辐射。即通过学校领导者和广大教职员工的思想行为，展示、体现学校的精神和价值观，向社会传播学校文化。第四，宣传辐射。即"为辐射而辐射"，它具有针对性，通过具体的宣传媒介和工具把学校文化向外扩散传播。

第三节　小学校园文化的建设管理

小学校园文化建设,总体上包括小学个体文化建设和小学组织文化建设,小学组织文化建设又包括小学组织内部文化建设和小学外部环境文化建设两方面。

一、小学个体文化建设

人是文化的负荷体。学校领导者、学校教职工、学生,都是文化负荷体,其载负的文化的量与质都会对学校文化产生影响。建设小学学校文化,必须首先建设好学校成员的个体文化。

高明的学校管理者深知学校组织文化对个体的塑造作用,以及良好的个体文化对学校组织的影响,所以,他们会坚定地、理直气壮地建议和要求学校成员在工作生活中遵守学校制定的标准。所以,在从事学校文化建设时,他们不仅要求自己成为具有象征意义的演员兼导演,更重视师生员工的个体文化是否与学校组织文化的方向一致。

(一)校长个体文化的建设

有人说,学校文化即"校长文化",因为从根本上说,学校文化总是反映校长本人特有的价值观念和领导风格。伟大的教育家陶行知先生指出:"校长是一个学校的灵魂,要想评论一个学校,先要评论它的校长。"校长个体文化的建设是学校文化建设的关键。校长拥有什么样的思想观念和价值理念,用什么样的标准和规范要求师生,用什么样的理想和信念引导师生,都会对学校文化产生关键性影响作用。所以,要建设良好的学校文化,首先就要建设优秀的校长个体文化。校长个体文化建设是小学文化建设的关键。

1.校长个体文化的含义

校长个体文化就是校长的价值观、人格特征、品德修养、行为方式和习惯在职业实践中的系统反映,其核心是校长的价值观。

2.校长个体文化的结构

校长个体文化的结构可以分为三个层次,即核心层、表现层、展示层。

(1)核心层

文化的核心是价值观,校长个体文化的核心是校长的价值观。这是校长个体文化的第一层,是最深沉、最稳定、最关键的部分。校长具有什么样的价值观,就会形成什么样的校长个体文化,从而也就会影响形成什么样的学校文化。校长的价值观具体表现如下:

第一,工作价值观。即校长对工作价值的认识和态度,这是校长价值观的重要方面。校长要有对工作的正确认识,要明确什么样的工作才是有价值的,校长的正业应该是什么,教职工的正业应该是什么。校长要认真地问自己三个问题:为什么要当校长? 当校长应做哪些事情? 准备如何当一个好校长?

第二,人的价值观。校长要正确看待人的价值,要努力以自身的文化营造人性化的学校氛围,要做到充分重视人、正确看待人、有效激励人、全面发展人。

(2)表现层

这是校长个体文化的第二层,具体包括以下几个方面。

第一,学识修养。校长的学识修养是校长个体文化的知识表征,可以产生强大的震撼力。学校成员一般都是有文化、有修养的人,校长交往的对象也多是有识之士。校长的博闻多识、多才多艺、良好修养,校长对教育的理解和行家里手的睿智,可以对他人产生强大的震撼力,并赢得他人的认同,使人产生追随的愿望和行动。

第二,人格风范。校长的人格风范是校长个体文化的个性表征,可以产生强大的凝聚力。校长的德高望重、宽容大度、无私奉献、公正平和,都可赢得广泛信赖,会吸引优秀教师慕名而来。校长的人格风范可以凝聚优质教育资源,不断壮大学校的师资队伍,从而使学校获得超常发展。

第三,社会伦理。这是校长作为社会人所应具有的责任感的表征,体现校长对个人与社会,学校与社会关系的认知。校长应对社会承担责任,富有社会责任感,讲究社会道德,将公众利益放在第一位。

第四,行为方式。这是校长个体文化的行为表征。校长应有良好的行为方式,才能引导和换取教师良好的行为方式。如果校长高高在上、冷若冰霜,教职员工就会心灰意冷、敷衍塞责。海尔集团总裁张瑞敏说:"若要员工心里有企业,你的心里就必须时时刻刻惦着员工。要让员工爱企业,企业就首先要爱员工。"

第五,工作作风。有什么样的校长,就会带出什么样的学校文化;有什么样的领导作风,就会形成什么样的校风。学校的教风、学风、人际关系氛围,实际上都是校长工作作风的折射。

(3)展示层

这是校长个体文化的第三层,是校长个体文化最具有标志性意义的部分,是最直观地展示校长形象的部分,因而也成为最容易被他人感知的部分。

第一,言谈举止。言谈举止包括校长的言语(正式的与非正式的)、姿态、动作、表情和眼神等,这是校长重要的形象语言。校长的一言一语、一举一动,无论是否有意识,都在向他人透露着自己的文化。无论校长个人的性格、脾气如何,文明、潇洒、大气、稳健,应是言谈举止中必不可少的成分。

第二,待人接物。校长待人接物的方式同样体现着校长的文化。在与师生员工或社会其他人员的交往过程中,如果校长粗暴、蛮横、无理、无礼,不可能形成重视人、尊重人的文化;如果校长小心翼翼、斤斤计较,不可能形成大气磅礴、举重若轻的文化;如果校长自食其言、不守信用,不可能形成有责任感、视信用如生命的文化。所以,校长应充分认识待人接物的方式在塑造和传播自身文化中的作用[①]。

第三,着装打扮。对师生员工而言,校长的着装打扮也是其文化的一部分,同样具有文化的引导和示范作用。服装没有绝对的优与劣,只

---

① 田星.浅论小学校园文化建设的心育功能[J].读与写(教育教学刊),2020,17(1):78.

有适合与不适合之分。每一件服装都有其试图表达的文化内涵,对服装的选择和穿着诠释着一个人的生活理念和个人修养。校长应在了解服装文化内涵的基础上,穿出自身的服装文化,用着装诠释自己的文化,引导师生员工的文化。

第四,办公室环境。校长办公室既是对外的窗口,也是对内的样板。办公室的环境可以体现校长的文化,他人可以通过观察办公室的布局、陈设,感受办公室的气氛,推测校长的文化和修养,以及校长的管理风格、管理重点。校长的办公室文化对学校成员具有极大的影响和示范作用,能使学校成员于特定的环境氛围中受到潜移默化的影响。办公室的风格体现着学校社会组织独特的文化和实力,外来人员从踏入校长办公室起,就在领受、评估着校长的个人气质与学校实力。校长应花精神和心力去营造办公室环境,展示办公室文化,表现出特有的文化模式。

3.校长个体文化的作用

(1)校长个体文化对内的作用

第一,定位作用。校长是学校文化、学校风气的创立者,校长的价值观直接影响学校文化的方向。校长拥护什么,实施什么,奖励何种行为,反对何种做法,直接有力地影响到学校文化的定位与指向。校长个体文化的思想内涵决定着学校办学的品位和质量,对学校的发展、定位发挥着潜移默化的影响。可以说,成功的学校必然有卓越的学校文化;卓越的学校文化是卓越的校长个体文化的外化,是校长的价值观、行为方式等的综合反映。

第二,示范作用。瑞士心理学家荣格认为:“文化的最后形态是人格。”迪尔和肯尼迪也指出,“如果说价值观是文化的灵魂,那么英雄人物就是这些价值观的人性化体现”,其作用在于作为一种活的样板,为其他组织成员树立可供效仿的榜样。学校文化建设中,校长就是英雄人物,校长个体文化就是一种榜样文化,具有强大的示范作用,成为学校其他成员效仿的对象。对广大师生员工而言,能够引起他们模仿动机和行为的,是校长的行动和实践,而不是校长的说教。校长要在日常行为中表现出对核心价值观的重视,并且要长久地保持言行与价值观的统一。校长与其费尽心机要求他人按某种方式行事,不如自己首先按照这种方式去行事。

第三,凝聚和激励作用。良好的校长个体文化是学校的一面旗帜,对师生员工具有强大的感召力和凝聚力,可以增强师生员工的自信心和向心力。同时,校长具有的良好的文化素养,还可以对师生员工产生强大的激励作用。

从某种程度上可以说,学校的历史深刻地体现着校长个体文化的印痕,学校的历史就是校长个体文化的历史,学校因校长个体文化而具有了个性。

(2)校长个体文化对外的作用

对外,校长个体文化具有标识作用。校长是学校的代表,是学校的代言人。对学校的外部公众而言,校长个体文化起着使公众感知和了解学校的作用,成为学校的标识。没有良好的校长个体文化,公众就会对学校产生否定的认识。所以说,良好的校长个体文化就是信誉,具有强大的号召力,容易得到公众对学校的信任与支持,为学校带来巨大的效益。

(二)教师个体文化的建设

教师文化是指教师个体拥有的文化。教师文化具有与校长个体文化一致的结构,同样由核心层、表现层、展示层组成。它以价值观念为核心,反映在教师所想、所说与所做之中。教师文化是学校文化的重要组成部分,在学校组织文化的建设发展中发挥着重要的作用。

1.教师文化是学校组织文化建设的基石

教师,尤其是一线任课教师和班主任,是学校工作队伍中人数最多的群体,同时又是与小学生交往频率最高、对小学生影响最直接的人群。教师的使命是教书育人,他们的工作更多地处于学校文化建设的突出位置或"前沿阵地"。在班级文化、课堂文化建设中,他们常常既是"导演"又是"演员",并且常常承担着"主要角色"。因此,教师文化在学校组织文化的建设中发挥着基石的作用。

2.教师文化对学生成长发展起示范作用

教师不仅是知识的传播者,还是人格的塑造者。教师不仅通过知识的传递以"言传"的方式影响学生,同时还必然通过仪表示范、感情交流、价值观念提升等"身教"的方式潜移默化地感化学生,成为学生成长中的真实榜样。由于人格培养中经常是"身教胜过言传",因此,教师文化也常常是学校文化中学生文化及其他文化的示范者,表现出榜样的力量。

3.教师文化对班级(课堂)文化起塑造作用

班主任和任课教师的工作场所主要是班级、课堂。在日复一日的班级管理和课堂教学的过程中,教师文化就在潜移默化地影响和塑造着班级、课堂的文化,使每一个班级拥有不同于其他班级的文化,使每一门课程或每一个教师的课堂拥有不同于其他课程或其他教师的文化。例如,有的班级活泼,有的班级沉稳,有的课堂专制,有的课堂民主,等等,这些均与班主任、任课教师有着直接的关系,正所谓"班如其人""课如其人"。而不同的班级文化、课堂文化,又对学生文化的形成、对学生人格的发展,发挥不同的影响作用。

4.教师文化对学校的生存和发展起支撑和动力作用

健全、良性的教师文化一旦真正形成,必将在长时期内持续发挥功效。学校要生存,要保持良性的发展,就必须依赖良好的教师个体文化的深层次支撑。同时,教师拥有良好的个体文化,必然会对学校组织提出更高的发展期待,这种期待会成为学校进一步发展的动力。

基于教师文化的上述作用,任何学校都应把教师文化建设作为学校组织文化建设的重要内容,从个体文化的各层面提出建设的要求。

(三)小学生个体文化的引领和奠基

在学校文化建设中,关注小学生个体文化建设具有重要意义。第一,小学生的个体文化是家庭、学校,特别是学校文化影响的结果。小学生的个体文化状况是衡量一所学校文化建设状况的主要指标。第二,小学生不是完全被动地接受学校的教育和管理影响,而是通过个体主观能动性的发挥,主动积极参与学校的教育和管理活动。在这一过程中,小

169

学生的个体文化会作为一种原料投入,在一定程度上影响学校文化的水平与质量。第三,小学生的身心各方面远未发展成熟,他们的个体文化极易受到学校文化的影响而发生改变。学校必须通过良好的组织文化和教育者的个体文化,给小学生以积极正向的引领,为小学生个体文化的发展成熟奠定健康的基础。

二、小学组织文化建设

(一)确立并实践学校积极个性的价值观

价值观是组织文化的核心。教育是价值观念高度涉入的事业。选择正确的组织价值观是塑造良好组织文化的首要战略问题。无论学校的组织结构或规章制度、监督检查如何精细、严密,都会有顾及不到的时间或空间,那么,这样的时间和空间里就可能会有不合规范的人或事出现。而良好的文化可以在这样的时间、空间里发挥重要的规范作用。学校成员一旦认同某种价值理念,即使没有人监督检查,也会自觉按照这种价值理念约束自己的言行。所以,在学校组织文化的建设中,首要的就是确立并实践积极个性的价值观。

企业能成功经常是因为它们的员工能够认同、信奉和实践组织的价值观。所以,确立并实践积极个性的价值观,需要校长做好充分的宣讲工作,使价值观深入人心,得到师生员工的充分理解,化作师生员工的共识并能付诸行动。

(二)学校精神文化建设

小学精神文化在内容上包括小学的校风、校训、校服、校歌、仪式庆典(艺术节、文化节、升旗仪式、节日庆典等)、办学历史传统、著名校友、英雄模范人物、学校人际关系氛围等。精神文化的所有方面在与学校的核心价值观保持一致的同时,也在展示着学校的核心价值观。通过观察了解一所学校的校风、学校的仪式庆典、学校树立的英雄模范等,可以推知学校的核心价值观。

1.英雄模范人物

英雄模范人物是学校核心价值观的人格化体现,英雄模范人物的价值和意义就在于助力文化的导向作用,引发更多人的模仿行为。所以,小学文化建设必须对英雄模范人物进行选择和宣传。

2.礼仪和仪式

礼仪和仪式是社会组织日常运作中一些系统化和程序化的惯例。小学文化建设要重视礼仪和仪式的重要作用,通过礼仪、仪式向学校的师生员工宣讲、渗透学校的核心价值观。

3.组织舆论

舆论是指公众对其关心的人物、事件、现象、问题和观念的信念、态度和意见的总和,具有一定的一致性、强烈程度和持续性,并对有关事态的发展产生影响。组织舆论的传播形态有聊天、调侃、议论、传闻、小道消息、非正式的小型会议、正式会议、掌声、票决、学术争鸣等。舆论可分为正向舆论和负向舆论两种,正向舆论有利于学校组织的发展,甚至成为组织发展的发动机。负向舆论则会造成公众认识的扭曲,将人群和组织引入歧途。所以,学校在文化建设中,应重视舆论的作用,并做好对舆论的引导,使其有利于学校组织的发展。

（三）学校制度文化建设

无规矩不成方圆。学校管理制度在学校管理中发挥着重要的作用,是学校教育实践活动和教育质量效果的保证。作为一项常规管理的重要内容,任何学校都会制定和完善各项规章制度。但学校制度文化建设不仅仅指制定和完善应有的规章制度,更要关注制度本身,以及制度制定、颁布、执行过程中潜在的文化因素,赋予制度精神、人文的色彩,尤其应该在制度条文中突出学校发展目标、价值观念、素质要求、作风态度等精神文化方面的条款,赋予制度人性和灵魂,让师生员工发自内心地认同制度并自觉遵守制度。

（四）学校物质文化建设

小学物质文化包括校园的选址,校舍的规划布局、造型,设施设备,校园的净化、绿化、美化等等。它既是小学学校文化的空间物态形式,又是小学学校管理文化、精神文化、个体文化等的物质载体。小学物质文化是直观的、外显的文化,直接营造小学的文化氛围,展示学校的价值观。良好的小学物质文化不仅有实用性,而且有审美性、生态性和教育性。小学生年龄小,可塑性强,易受环境影响,良好的学校物质文化环境是小学生成长的摇篮,小学生于天长日久的耳濡目染之中习得学校的价值理念。这正如《荀子·劝学》所说:"蓬生麻中,不扶而直;白沙在涅,与之俱黑。"所以,小学必须重视物质文化的建设,为小学生的健康成长营造良性的环境。

(五)小学外部环境文化建设

小学文化建设不能仅仅停留于学校组织内部的文化建设,还要关注与学校密切相关的学生家庭文化和学校所处的区域文化的整合,为学校文化建设营造良好的外部大环境。区域文化和学生家庭文化对小学文化建设的影响是一种客观存在,理应受到充分重视。但由于种种原因,无论是教育行政管理人员还是学校管理人员,在这一点上,都还远远没有形成清晰、明确的认识,更欠缺有效的实践,在一定程度上影响了小学文化建设的效果。在现代开放的教育发展趋势下,建设小学文化必须善于做好对外部环境文化的整合。

1. 与学生家庭文化的整合

家庭是天然的学校。家庭规模的大小,家庭的社会经济地位,家庭成员的文化教养、兴趣、爱好、相互间的态度和感情关系,家庭的气氛和管教方式等种种因素,都会潜移默化地影响儿童的独立或依附、积极或消极、友好或对抗、关心或嫉妒、勤奋或懒惰、创造或因循等人格的发展。尤其在小学阶段,学生的模仿性强,缺乏是非分辨能力,家长的态度、言行等时时会从正面或反面对孩子起到教育影响作用。家长和家庭教育的影响必然会体现在小学生的个体文化中,通过各种各样的途径和方式渗透进课堂、班级和学校,影响学校的文化面貌。所以,小学文化建设必须整合学生家庭的文化,使其与学校文化同质、同向,共同形成对小学生的良好影响。同时,学校还要善于吸收、借鉴小学生家庭教育中的良性文化因素,弥补学校文化建设之不足。

2. 与区域文化的整合

区域文化与小学文化存在着相互影响、相互制约的作用。区域文化是小学文化形成的土壤和环境。任何学校文化的形成都不可能完全摆脱所处区域文化的制约影响,在学校文化中必然具有区域文化的色彩。良好的区域文化有利于良好的学校文化的形成;反之,不良的区域文化则可能给学校文化及其建设带来各种不利的影响。

但是必须看到,学校作为育人的社会机构,具有自身很强的能动性,其在受到区域文化影响制约的同时,还会积极作用于区域文化,通过发挥辐射功能,利用各种渠道影响所处的区域文化,使区域文化变得更加丰富、更加纯净。

综上分析,小学组织文化建设对区域文化的整合不可或缺,具体表现在:第一,小学文化建设要服从或服务于区域文化的建设,利用自身的学科与人才优势,为区域文化建设做贡献,使小学文化与区域环境相吻合。第二,小学文化建设要善于吸纳区域文化的有益成分,特别是要善于吸纳区域内传统文化的优秀成分,以区域内的良好文化为学校文化建设奠定基础。第三,小学文化建设要对区域文化进行鉴别,过滤和剔除不利于小学生身心发展的因素。第四,小学要通过文化辐射功能,利用各种方式、渠道,引领区域文化的建设方向,改造区域文化中的不良成分,营造更加有利于小学生健康成长和区域公众健康文明生活的文化环境。

第八章　小学教育管理模式的创新

第一节　小学教育管理模式的概念

一、教育管理模式的概念

管理的形式是人们对人、物、事进行计划、领导、协调和控制。管理作为一项复杂的活动，必须在一定的系统环境下完成，对组织进行管理可以有效提高组织的运行效率和管理水平，管理可以组织目标的实现。模式是一种标准的范式，它为人们的活动提供参考。有学者认为，模式是把理论性的东西规范化，这样更加容易让人们理解和操作。其中，教育管理模式的理解也有很多种，教育模式是一种教育的发展范式，它不完全等同于教育理论，而是教育的发展规律，它也不等同于实践活动，它是抽象化的教育发展轨迹。教育模式作为沟通教育理论和教育实践的一座桥梁，不仅促进了理论在实践中发展和验证的重大作用，而且使得教育实践活动更加理论化和学术化。教育模式把理论和实践联系得更加紧密。教育模式是发展教育事业的重要研究内容，同时，模式也是发展其他事业的规律。目前，学术界对教育模式有了统一的认可，他们认为模式也是一种科学思维方法，模式可以指导活动正确和有效地运行，教育模式也不例外，教育模式可以促进继续教育的发展。管理模式多用在企业管理当中，在教育领域尤其是在继续教育领域，管理模式并不是很常见的。但是，在教育领域，也存在管理模式。其中，一些教育管理模式还没有明确的定义，英国学者托尼·布什在《当代西方教育管理模式》中提到教育管理模式受到多种因素的综合影响，管理模式的本身也是动态的，会随着其存在和发展而变化。他认为教育管理模式有以下六种。

(一)正规模式

企业管理理论中的行为科学理论对正规模式的形成影响很大,它强调两个方面的内容,一是组织结构的垂直体系,二是组织结构的权力特征。正规模式认为组织活动中的每个个体都应当作为整体的一部分而被纳入整体结构中的某个具体位置,并承担一定的任务和职责。在这个模式中,每个个体的职责和权利都是对应关系的,在系统化和制度化的制度规范体系中得到保证。它对于教师个体在学校教育管理中的地位和作用视而不见,认为决策活动就是通过权力分配而达成大体的一致性意见,教职员工均需要无条件服从组织目标和任务,没有别的权力。

(二)学院模式

学院模式相对于集权式的正规模式而言是较为民主的,主张由集体中的部分或者所有个体共同享有和执行决策权和领导权。它对交流、协商、听证、咨询、研讨等多种方式在教学管理中的作用给予肯定,将管理者的主要角色和任务定义为协调广大教师队伍个体积极参与到校园自由民主管理的活动中,并使用分权或者权力给予相关保证。专业领域的学术成就是体现领导者权威的主要方式;而创造发挥学员个体主观能动性的教学环境才是管理者的主要职能任务,也就是促进一种参与、民主、合作的校园管理氛围的形成。

全体教师组成的委员会、全体教职工的代表大会等学校主要管理部门在教学管理中的权重被增大,并承担着将整体目标与个人目标相结合成为集体共同目标、达到集体共识的作用。比较之下,学院管理模式更能反映全体参与教学活动和教学管理的人群的共同价值观。

(三)政治模式

政治舞台是此模式的假定设定,所有参与此管理模式的成员要通过参与政治生活来达到自身的目的。在此模式中,学校的各个教师都代表不同的利益群体,具有共同利益追求的人为了能够实现利益的最大化,尽量在集体决策中促进利于自身利益的决策,与此同时,由于利益平衡的相对性,往往容易导致权衡的倾斜。政治模式考虑到了个人与集体对立利益的现实问题,但是却夸大了集体利益与成员个体利益的隔阂,使得共同进步更为艰难。

(四)主观模式

20世纪七八十年代格林菲德教育管理思想对于主观模式的提出产生了深刻的影响。格林菲德作为教育组织现象学范式研究的先行者,他对组织现象学有着独特的视角,深刻批判了教育管理的一系列理论,其研究的内涵包括事实行为与价值创造行为的关系问题、教育管理理论的事实性、教育管理学研究的途径和可行方法等。人的作用在格林菲德的研究反思中继而凸显。受这种思潮的影响,主观模式着重于系统组织中下层的有着不同经历和背景的成员个体的信仰价值观念。自我意识在这种模式中得到重视,反映在学员都是从自己的角度来看待教育事实。在教育模型的中上层的教师和其他教职工,都会为学校的优势和存在的问题做出从个人角度出发的某种解释。校长作为一个协调平衡的责任体,在这种模型中设置为意识对立的处理主体,以避免不同意识流派造成管理上的混乱。在该模式下,每个成员的利益和想法都被尊重,管理的目标不再是少数服从多数或者牺牲少数人的利益诉求以满足多数人的利益诉求,而是每个个体诉求均得到满足。但是这种折中往往因为现实操作的难度而成为一种想象中的美好。

(五)模糊模式

这种模式立足于现实教学教育管理实践活动中的不可预测性和突发性特征,认为管理教育模式的实质就是一种对于意料之外的突发事件的处理解决,并非计划之中向某个目的进发的有组织行为。这种模式注重于不可控因素对于学校教育管理的影响,而这种影响往往给学校教学活动如课程安排、考试安排、人员调动和任命、办公经费的分配和调拨等带来不可预测的多样性影响。这种模式看到了任何教学管理模式都不会是一种永恒的存在,而是一种随着事实改变而改变的动态模型,因此学校组织的成立的实质意义就在于对现实教育教学活动中出现的问题进行应对和解决。这种模式倾向于无计划、无预先预判的模糊预测模型,这与我们目前接受的教育是一种长期、有组织、有计划、在组织领导下按照计划开展的活动的观念背道而驰。

(六)文化模式

这种模式基本代表了西方国家在20世纪80年代后,教育管理中出现的注重价值信仰、注重团体凝聚力和注重组织文化形成的新文化教育模式倾向。它与主观模式在某种程度上是相似的,也就是重视组织个体对于精神世界,例如,价值观、信仰、理想等。通过集体文化符号的传播、扩展和获得认可,形成这个形体的组织文化,以文化组织演变成为团体成员共同遵守的精神操守规范,成为教学管理模式的主导因素[①]。

二、小学教育管理模式

小学教育管理模式是指学校管理者或教育行政部门在某个既定的办学理念下,对教师的教育教学的外部行为进行计划、组织、调控、监督,长期以来形成的一些规定、制度、章程等。根据对中小学管理现状的观察、分析,笔者认为目前中小学教育管理模式主要有以下三种。

第一,经验管理模式:在这种模式下,教学管理的直接实施者——校长、分管校长、教务主任都是已经从事多年教学工作或教学管理工作的,管理者往往凭借个人或群体积累的经验作为实施管理行为的依据,运用传统习惯及自己的感受和体验来进行管理。其优点是经验来源于实践,它是管理上的宝贵财富。把经验作为决策和选择管理行为的依据,对管理者的经验水平和个人素质的要求比较高,也可以促进管理者之间的学习与交流。但经验的积累需要一定的过程,所以经验管理模式有许多局限性,如:经验思维方式的滞后性导致管理缺少创新;经验受时空条件的限制,使管理经验在新形势、新条件下失效;经验具有个别性,所以不能照搬别人的经验。

第二,行政管理模式:是凭借行政权力实施行政职能并作为管理决策选择依据的一种管理模式。表现在学校建立了系统的管理机构,制定了一系列的管理规章制度、条例、守则等。其特点是:具有职责分明的层

级权力线,各层级、各部门各司其职,各谋其政,但也不越权;具有严格的指令性和权威性,强调上级的权威和下级的服从,带有明显的垂直等级性;具有一整套有力的行政手段和方法来实现管理的目的。其优点是职、责、权明确,效率高,有章可循,有法可依,使管理秩序化、规范化。缺点是容易产生"一刀切"的教条主义,也容易产生互相推诿、扯皮,有时会耽误偶发事件的随机处理,甚至会出现以权谋私的弊端。事实上教学系统并不像政府机关那样以等级链连接的系统,学校各部门、各科组之间是互相关联的,教师的劳动也是集体的,而教师劳动的个体性也是很突出的。所以学校系统中有明显的特殊性和个性,因此,行政管理模式存在着较大的局限性。

第三,科学管理模式:是以科学的理论假设为出发点,把调查、统计、测量、实验等科学研究方法所获得的结论作为选择管理行为依据的管理模式。这种模式对教育教学进行"目标管理",使管理客观、理性,走上科学化的轨道,对教学起到了推动作用。但科学管理也有其局限性,如:量化管理需要大量的数据资料,数据的收集、积累、统计使工作量加大,还要依靠先进的技术手段;教学管理中主要是人对人的管理,许多因素如情感、意志、工作态度和热情等是难以精确量化的。

这三类管理模式也反映了教育管理经历的三个发展阶段,从现在的小学管理现状来看,这三种模式并不是独立存在的,无论在哪一所学校,都能看到三种模式的影子。而且,从教育管理的发展轨迹看,当前的小学教育管理是三种模式的混合,是在发展过程中不断改革和扬弃的结果。尤其是基础教育体制改革以来,随着现代管理理论在教学管理中的运用,小学教育管理明显地体现出了科层式管理的特征和倾向。

(一)科层管理产生的背景以及内容

社会学家马克斯·韦伯提出科层理论是由其深刻的社会背景和时代需要所决定的。19世纪末20世纪初,随着大工业组织的增长,整个社会生活都发生了巨大变化,政府和各种社会组织也呈现出现代趋势。按照一些西方学者的说法,当时的西方世界正变成一个"组织化的社会"。在城市化、工业化的社会里,前工业时代所采纳的那种简单的社会和政治结构,已经远远不能适应现代工业社会发展的要求。新的社会环境导致社会生活充满矛盾和冲突,并时常发生大量社会的、政治的和经济的摩擦。总之,那是个时时处处都在发生变化的工业世界。1918年之前,此起彼伏的工人罢工浪潮、工人运动和共产主义运动的兴起,恰恰反映了那个时代的特征。当时人们越来越感觉到,适应并解决人与人、组织与组织之间的冲突,已成为人们成功地生存下去的重要因素。德国社会学家、政治学家马克斯·韦伯的科层理论就是在这种背景下提出来的。这曾在管理学上被认为是一种"最有用的、持久的和卓越的成果"。这些成果在当时看来确实很有价值,后来也被证明是必不可少的。

除此以外,德国国内政治和经济的发展也为科层理论的产生提供了必要的条件和社会基础。19世纪末,德国社会政治形势的特点是两种社会势力的斗争,即与大地产相联系的日益退出历史舞台的德国容克集团,同竭力争取政治独立并日益巩固的资产阶级之间的斗争。当时的德国,工业化过程相当迅速,但其发展受到封建制的严重束缚,正处于从旧的、以家族为基础的企业制度向大规模的资本主义企业制度过渡的转折点。韦伯察觉到,当时德国的教会、国家机构、军队、政府、经济企业和其他各种团体,组织规模不断扩大,大型组织日益增加。这些大型组织迫切需要实行管理合理化,以建立一种"稳定、严密、有效、精确"的管理系统。与此相适应,韦伯的科层理论正迎合了当时的政治和经济发展的需要。

韦伯的科层理论首先是基于对组织中权威的分析研究。他认为,根据组织内部的权威关系,可以揭示出不同的组织所具有的特性。他的科层理论对组织的研究是从这一基本问题开始的,即:个人为什么会服从命令,人们为什么会按他们被告知的那样去行事。为了阐述这一问题,韦伯对权力和权威做了区分。韦伯指出,权力是无视人们反对、强迫人们服从的能力,而权威则意味着人们在接受命令时是出于自愿;权力有很大的强制性,而权威则具有某种自愿性,并能为多数人所接受。更为重要的是,正是这种权威制度,使得下级把上级发布的命令看作是合法的。根据权威的合法性，韦伯描述出三种不同的权威：①传统型权威。这种统治的形式是宗法家长制，它是建立在对古老传统的神圣不可侵犯性及对这些传统行使权力者的地位合法性的坚定信念的基础上的。②个人魅力型权威。它是以对某一个人的特殊的、超凡的神圣性、英雄行为或典范品格的信仰，以及对这个人所产生的榜样力量或所发布命令的信仰为基础的。这种结构的统治形式完全取决于个人的超凡力量，内部基础并不巩固，容易造成人存政举、人亡政息的局面。③法理型权威。它是以一种对正规形式的"法律性"，以及对那些升上掌权地位者根据这些条例发布命令的权力的信任作为基础的。这种组织的管理制度不仅具有合法的公认权威性，并且具有"理性"，即能够最佳地实现管理目标。

韦伯认为，法理型权威是科层理论的基础。因为：①它为管理的连续性提供了基础；②担任管理职务的人员是按照他对工作的胜任能力来挑选的，具有其合理性；③领导人具有行使权力的法律手段；④所有的权力都有明确的规定，任职者不能滥用其正式权力。

通过对权威关系的分析，韦伯认为，科层制是最有效的组织模式，对现代社会的复杂组织来说是最理想的。对韦伯来说，"理想"并不是指合乎需要，而指的是组织的"纯粹形态"。韦伯之所以想确定一个理想形式的特性，是为了进行理论上的分析。科层制的德语原意是"官僚制"，按照韦伯的意思，则是指像政府机关那样层次分明、制度严格、责权明确的组织模式。韦伯曾在《社会组织和经济组织的理论》中对科层制作过精确的描述。他认为科层制主要包含以下几方面特征：第一，层级结构，其组织体系的结构呈金字塔形，分为高层管理、中层管理和基层管理。高层是负责人，其职能是决策；中层是行政官员，主要职能是贯彻决策；下层是一般工作人员，主要职能是实施决策。这样，每个官员能对其部下的行动和决定负责。第二，劳动分工，对个体来说，要学会胜任一个组织中各种各样的工作是非常困难的，所以只有当工作上有专门分工，而且按个体受过的训练及技能、经验来指派他们各自的任务时，才会有高效的结果。第三，以规章制度来控制，官方的决定和行动以成文的规章制度为依据，以此保证一致性、可预料性和稳定性。第四，淡化人情关系，如果在一个组织中去除纯粹个人的、情绪的和非理性的因素，便可建立对人员和各种活动比较有效的控制。组织的成员要在他们主管部门的指导和控制下，服从系统化的严格纪律。第五，职业定向，雇员的录用以专长为基础，升迁以年资和功绩为依据，工资与科层组织中的各级职位挂钩，个体有辞职的自由，也有权享受养老金。

韦伯认为，从纯技术的观点来看，科层制是最符合理性原则、效率最高的，它在精确性、稳定性、纪律性和可靠性方面都优于其他组织模式。在人和组织都受到集权主义的企业家和牢固建立的政治制度支配的时期，韦伯使人们从科层制组织中看到了希望。实质上，这个希望是指管理有方的科层结构比那些听凭一些个别掌权人物任意摆布的组织更公正、更没有偏见、更可预测和更加合理。确实，科层理论为当时新兴的资本主义制度提供了一种高效率的、理性的组织管理模式，对资本主义制度的发展起了一定的促进作用。当然，韦伯在认识到科层组织结构优点的同时，也注意到了极端的科层组织管理将会造成的社会性危险，例如，他认为高度正规化的和非人格的组织有可能窒息人们的创造力和自由，而大规模的失去控制的科层组织则可能对社会构成威胁。

（二）科层制及其特征

科层式管理模式原是企业一种按职能部门划分的、标准的、金字塔式的集权控制模式，是一种权力依职能和职位进行分工和分层，以规则为管理主体的组织体系和管理方式。在西方，从亚当·斯密的《国富论》到泰勒的科学管理，再到亨利·福特的劳动分工管理和艾尔弗雷德·斯隆的职能分工管理，科层式的管理模式日益完善，也大大提高了生产率。马克斯·韦伯认为，科层式组织有以下基本特征。

第一，等级制。在科层制组织中，拥有一大批官员，其中每个人的权威与责任都有明确的规定。这些官员的职位按等级制的原则依次排列成金字塔式的机构体系，强调严格的层级制，每一级职位赋予其承担者对下属进行合法控制的权力，以"服从命令、遵守纪律"为控制原则。部属必须接受主管的命令与监督，上下级之间的职权关系严格按等级划定。

第二,规则化。在科层制组织中,组织运行,包括成员间的活动与关系都受规则限制。组织内每一职位的责任范围、工作程序、行为标准及组织系统内各个科室的职责、科室间的关系以规章的形式明确下来,每个成员必须按制度从事职务活动。也就是说,每位成员都了解自己所必须履行的岗位职责及组织运作的规范。所以,科层制组织所采取的手段能最有效地实现既定的目标,领导人一时产生的错误想法或已经不再适用的程序,都不大可能危害组织的发展。

职能分工:分工是人类社会发展到一定程度所出现的必然现象。分工与专门化使组织内部各职位的权力和责任范围更加明晰,使工作井然有序,有利于提高工作效率。

第三,专门化。在科层制组织中,根据工作类型和目的进行专业化的职能分工,依据分工确定管理职位,并详细规定各职位的权力和职责范围。它科学地划分每一工作单元和强调删除那些无用的重复工作,以及考虑到职能交叉的必要。各个成员将接受组织分配的活动任务,并按分工原则专精于自己岗位职责的工作。

第四,技术化。在科层制组织中,组织成员凭自己的专业所长、技术能力获得工作机会,享受工资报酬。组织按成员的技术资格授予其某个职位,并根据成员的工作成绩与资历条件决定其晋升与加薪与否,从而促进个人为工作尽心尽职,保证组织效率的提高。

第五,非人格化。在科层组织中,强调非个人取向的人与工作的关系,成员间只有对事的关系而无对人的关系,人与人之间是一种非人格化的关系。官员不得滥用其职权,组织内一切行为都排除个人感情因素的干扰,追求"客观、理性",个人的情绪不得影响组织的理性决策;公事与私事之间具有明确的界限;组织成员都按严格的法令和规章对待工作和业务交往,确保组织目标的实施,强化了工作秩序,提高了工作效率。

从以上特征可以看出,科层制管理是一种讲究效率与功利的管理组织模式。科层制管理在教学管理中的应用有其历史的必然性和进步性,其优点也十分明显。

第一,细致的层级划分和职能分工能保证管理的专业性和效率性。

按照科层制的组织原则,在学校中建立上下衔接又有明确分工的管理体系;通过法律、法规、政策赋予各级教育组织以明确的职责和权力;在学校内部建立和完善行政管理组织网络,各职能部门层次分明、分工明确,有标准的工作程序。学校的层级结构是金字塔式的,强调以行政命令为主的"自上而下"的管理,位于层级结构中的每个成员都有明确的职权限制。这种严格按等级、法规运作权力的结果,可以避免部门之间、个人之间职责不清、互相推诿的现象,使管理规范、有序,对于学校推进既定的、常规的工作,可以提高效率。

第二,严格以规章制度来控制和非人格化的取向强化了工作程序,使教学组织行为建立在理性的基础上,有利于提高效率。在科层制组织中,每一职位的职责范围、工作程序、行为标准及各科室的职责、科室间的关系都以规章的形式明确下来,详细而具体,具有很强的操作性,保证了教学秩序的稳定性。非人格化的取向排除了个人感情因素,强调"客观、理性",管理者经常考核下属的工作效率,并按他们的能力和成绩决定进退。严格的纪律晋升系统使教师安心工作,使竞争公平、合理,有利于培养事业心,提高教师的积极性,也能够对管理者滥用职权加以有效地限制,使教学管理工作客观、稳定、有序,提高了管理效率。

科层组织有何特征,学校是否属于科层组织,在学校实施科层化管理是否适用。科层组织有以下特点:第一,为实现一个组织的目标,应把组织的全部活动划分为基本的作业并确定专业化的职务。第二,各种职务按照等级原则组织起来,有明文规定的权利与义务。第三,组织中的每一项活动必须按照严格的规章制度执行。第四,组织中的人员任用根据职务的要求通过考试与培训来实行。管理人员有固定薪金与酬金,明文规定升迁制度。第五,组织人员之间完全以理性为指导原则。

从20世纪60年代开始,一些教育管理学家和学校组织的研究者开始运用科层组织的有关结论来解释学校中存在的一些问题。60年代以后,教育管理学家更接近于一般管理的研究轨道,强调学校作为正式组织性质的重要性。那么学校是否为科层组织,科层化管理在学校是否适用呢?对于学校组织的科层性,学者们提出了不同的看法。马克斯·韦伯提出学校是完全的科层组织:①学校组织明显是按照专业和具体职务的需要而建立的。②学校组织在很大程度上靠规章制度约束成员行为并借此建立必要的统一性。③学校建立了明确与严格的权力等级。④教育组织中就业取决于雇员的专业能力,晋升凭借在学校组织中雇员的工作成就。⑤基于理性的考虑,而不是领导者的超凡魅力。英国经济学家罗纳德·科斯认为,学校组织存在着科层性与非科层性的两元特性。第一,行政事务的处理表现出科层性的一面。学术性事物如知识的传播、发现、物化的过程中,行政约束力不大,要受学术权威的影响,表现出非科层性。第二,科层管理不是唯一的源泉,专业的出现造成了专业主义的取向。学术权威是新的权力源泉,不仅如此,这两种权力不是和谐的,经常会发生冲突。韦伯认为,科层制组织应当具备分工和专业化、非个人取向、权力等级体系、规章制度、职业导向等特征。

不可否认,上述特征在学校组织中均能找到,但我们并不能因此就认定学校是一个科层制组织。正如斯坦福大学商学院教授杰里·波拉德所指出的那样,在学校中高等教育组织还有着非科层制特征的存在:第一,学校组织并不像工商企业组织或行政组织那样具有明确一致的目标以及清晰可分的工艺程序,因而不可能对教师的工作业绩进行完全客观的评价。第二,学校组织中的主要角色是教师,而不是科层制组织中的行政人员。第三,教育工作所关注的是以人的变化为标志的教育目的的实现,所以师生互动关系必然广泛地涉及知、情、意、行等各个方面,难以做到科层制组织所要求的纯粹的非个人取向。第四,在规模较小的学校中,组织结构十分简单,几乎看不到任何科层制的痕迹。第五,过度的科层化必然会增加对教学人员的困扰,降低学校组织的教育效果。这就意味着学校并非典型意义上的科层制组织,它至多只能说是一个半科层制组织。

既然学校只是一个半科层制组织,那么其组织特性的另一半是什么呢?美国社会学家阿米泰·埃齐奥尼根据组织的专业性程度,将中小学校定性为半专业组织。作为一个半专业组织,专业人员在组织成员中所占的比例较大(一般超过50%),这些专业人员往往具有以下一些特点:

第一,经过训练而获得的专门技能,如教学组织技术、人际沟通能力等。第二,实施一套专业人员的规范,包括无私奉献的精神、服务学生的理想、处事公正的原则等。第三,同行导向的参照团体,即专业人员往往比较关注同行的意见。第四,希望在作专业决定时拥有自主权,反对行政干预专业性的事务。第五,主张以学识和各种标准为基础的自我管理,不愿受到过多的外部控制。

科层管理对教育管理产生了实实在在的影响:许多国家在教育系统中建立了上下紧密衔接而又明确分工的管理体系;国家通过法律、政策,赋予各级教育组织以明确的职责和权力,在学校内部建立完善的教育组织网络,各职能部门层次分明、分工明确,有标准的工作程序;科层式学校管理从纯技术角度看的确是一种有效的管理形式,在知识化、专业化、制度化、精确性、任务的明确性、纪律的严格性、活动的连续性等方面,提高了学校管理的功能和效率。但是,学校不是完全的科层组织,纯粹的科层化管理不适用于学校管理。

第二节　以人为本理念下的小学教育管理模式创新

一、以人为本的概念

以人为本就其范畴来说既复杂又广泛,有很多方面的含义,但是简单说来,它首先肯定了人在社会历史发展中的中心地位和主体作用。在价值取向方面,强调一切为了人,尊重人的尊严、需求和价值,一切活动的最终结果都是促进人的全面发展和价值实现。在思维方式上,在遇到问题进行分析和解决时,始终坚持人的尺度放在第一位。

我们从小学教育管理的角度看"以人为本",这里的"人"主要是指小学校里的学生和教师,就是要以学生和教师为本,体现他们的主体地位,在学校的制度建设、教学改革以及管理活动中处处围绕尊重师生的人格,提高师生的素质和充分保障师生的权益而展开,一切教育管理活动都必须是为师生服务的,而不是为管理而管理,成为一种单纯的行政化手段。

二、实施以人为本的小学教育管理模式的重要意义

(一)以人为本的小学教育管理模式顺应了时代发展的要求

随着社会经济的飞速发展,知识在社会、文化、教育以及经济等方面的影响越来越突出,对社会的发展做出的贡献越来越显著。我们可以准确地说,知识经济的时代已经全面到来。知识经济的时代尤其强调科技的创新以及对人力资源的开发利用,其所遵从的平等、民主、自我价值的实现等理念,这些时代特征就肯定会在教育管理中体现出来,从而引发教育的一系列深刻变革,同时我们也需要在办学的理念以及在办学实践中全方位的进行提升,深入贯彻和全面落实以人为本、和谐发展的新思维,将人文精神和科学精神紧密地联系起来,达到顺应知识经济时代社会对人才的需求。

从另一个方面讲,随着知识的裂变式更新以及人的智力结构性改变,即便是综合素质好,高学历层次和拥有良好知识素养的教育管理方面的专家,在对待日益活跃的知识新陈代谢,处理如雨后春笋般的新问题、新事物时,也会感到难以应付和力不从心。所以,学校教育管理必须要面对知识经济时代发出的挑战,认真贯彻以人为本的思想,不断更新观念和学习新知识,以顺应时代对人文教育、终身教育的需要。同时我们还要认清,小学是人生教育的第一步,从小培养顺应时代发展的优秀素质,必然能极大地促进自身的成长成才。

(二)以人为本的小学教育管理模式能有效去除传统教育管理的弊端

传统的小学教育管理,强调的是学校的绝对权威,单方面的行政指令和单向灌输,忽略人的因素,只看重学校整体的工作计划与任务,一切工作向制度化和规范化看齐,从而聚集大量的问题使学校各方面的发展受阻。同时,传统的小学教育管理模式培养的学生,也是在传统教育下如工厂订单式生产的产品,培养了大批思想僵化,而没有什么具体才能

的人。小学生本应该体现出,有丰富幻想力,思维活跃,对新生事物充满好奇求知欲旺盛的特质,然而实际情况却截然相反,不能不引起我们的深思①。

小学教育管理活动是一种比较特殊的活动,它通过学校行政管理人员与老师、学生的双向立体互动的方式进行。要使这种互动产生成效,其先决条件就是转变小学教育管理的理念,充分尊重人的价值,发挥人的主观能动性和处处体现以人为本的思想。可以说以人为本的小学教育管理模式,在一定程度上能有效去除传统教育管理的弊端。

三、以人为本的小学教育管理模式创新探索

(一)转变教育观念,树立以人为本

教育观念是教育改革和教育实践的先导,基础教育的改革与发展自始至终是与教育观念的更新、教育思想的解放紧密联系在一起的。只有积极更新教育观念,树立以人为本的教育思想,才能够在教育管理实践中进行人本教育,全面推进素质教育。

1. 应树立人的全面发展管理观

实现传统教育向素质教育的转变,应当确立小学教育的素质教育观念。在传统教育体系下的教育和管理,尽管在一定程度上可以立竿见影地提高学生的学习成绩,但同时也忽略了学生的个性发展,是以损失学生素质的全面提高为代价的。因此,中共中央、国务院于1993年印发的《中国教育改革和发展纲要》中明确指出:"中小学教育要由传统教育转向全面提高国民素质的轨道,面向全体学生,全面提高中小学生的思想道德、文化科学、劳动技能和身体心理素质,促进学生健康、快乐的发展。"实施素质教育,是我国基础教育领域一场深刻的变革。国家教育委员会印发的《关于当前积极推进中小学实施素质教育的若干意见》中做了明确解释:"素质教育是以提高民族素质为宗旨的教育。"它着眼于受教育者素质的提高及社会长远发展的要求,根本宗旨是面向全体学生、全面提高学生的基本素质,基本特征是注重培养受教育者的态度、能力,

---

①马仲维. 以人为本视角下的小学教育管理模式的研究[J]. 新课程,2021(51):237.

促进受教育者各方面的完善和提高。小学教育管理要牢固树立以人为本、育人为本的理念,将全面推进素质教育作为核心工作来抓。要认真学习坚决贯彻中共中央、国务院于2004年印发的《关于进一步加强和改进未成年人思想道德建设的若干意见》的实施意见,创新德育方式,加强德育实践环节,重视德育实践基地的建设,要构建与小学纵向衔接、与社会家庭横向沟通的德育体系,提高德育工作整体效益。同时,需要积极地与家长、社会进行沟通、协调,特别需要政府部门的理解和支持,需要学生家长和全社会的理解和支持,形成素质教育的合力,为实施素质教育创造一个比较宽松的环境。2017年8月教育部印发的《中小学德育工作指南》指出:"全面贯彻党的十八大和十八届三中、四中、五中、六中全会精神,深入贯彻习近平总书记系列重要讲话精神和治国理政新理念新思想新战略,始终坚持育人为本、德育为先,大力培育和践行社会主义核心价值观,以培养学生良好思想品德和健全人格为根本,以促进学生形成良好行为习惯为重点,以落实《中小学生守则(2015年修订)》为抓手,坚持教育与生产劳动、社会实践相结合,坚持学校教育与家庭教育、社会教育相结合,不断完善中小学德育工作长效机制,全面提高中小学德育工作水平,为中国特色社会主义事业培养合格建设者和可靠接班人。"

2. 要充分认识到小学教育的基础地位

教育本身承载的是一个国家民族素质的提高,文化和价值观念的继承与发展。人类的发展离不开教育的发展,国家的强盛也离不开发达的教育。小学教育是整个教育事业的基础,提高整个教育事业的质量,必须从小学教育做起。小学教育和中学教育都属于基础普通教育。"九层之台,起于累土。"一个国家只有将小学教育普及和提高了,中等教育和高等教育才能逐渐普及和提高。从个人来讲,完好的小学教育,为其身心健康发展奠定了基础,同时为其接受中等教育提供了条件。一个只接受过中等甚至更低教育的人,只要身心健康,完全能够以一种积极的态度勇敢、乐观的生活,并能够妥善地解决所遇到的种种困难,顺利度过所经历的困境,但一个接受过最好的高等教育的、拥有博士学位的人,却很有可能在一些日常小事上束手无策,陷自己于绝望的境地。

3.要彻底转变教师的育人观念

教师教育观念的转变、认识的提高,是实施素质教育的前提。只有教师教育思想的转变,才能带动其他各方面的变革。小学教师要十分注重对中小学生品质特征的培育和塑造,更加重视对学生心灵的陶冶与熏陶。要学习西方注重人个性发展的优良传统。古希腊人非常强调教育的目的,即教育促进人的全面、和谐发展,他们认为教育是要培育人的正义、勇敢、节制以及爱等美德。这在苏格拉底、柏拉图、亚里士多德等几位贤者的言论中,都可以得到有力的佐证。也正是由于意识到了人的个性与品质特征、人的心灵和态度对一个人的成长和生活具有极为重要的意义和价值,世界各国在陶冶学生心灵、塑造和发展学生个性方面,才不遗余力。教育是人的教育,是教育者生命与受教育者生命相互交流的过程,不能无视人性,无视人的价值,而应依据人性的特征,遵循人生命发展的原则,促进人的整体和谐,更加完善地发展。在教学管理中,应当彻底摆脱当今小学教育中的"无人"教育观念,追寻教育的人本化真谛,对教育倾注更多的人文关怀,高扬人的尊严、人的价值、人的情感以至于人的合理需要。要在注重共性教育的同时,更加关注学生的个性教育,还给学生以独立思考的权利,使其充分发挥潜力。

4.小学的教育管理必须做到树立现代主体管理观和以法治校观

一直以来,过去的管理观是管理者与被管理者两相对立的模式,是从管理者到被管理者的单向过程。他们认为,管理者才是管理的主体,被管理者只是被动的管理客体。决策、指挥只是管理者的事情,而被管理者是被排斥于管理之外的,只有执行决策的义务;但现代的管理观则提倡在管理活动中将管理者与被管理者两者都作为主体看待,突出了被管理者作为管理过程的基本组成部分,使管理活动成为双向互动的过程。在小学教育管理中,被管理者是学生群体和教师群体,应当充分重视这两大群体在管理过程中的主体地位,倾听他们的建议,来改善管理中所出现的问题。只有这样才能调动学生的主体性,发挥教师的主人翁作用。现代主体管理观念的实施,更需要确立依法治校的管理观,摆脱传统的人治观念。随着我国社会主义法制建设的基本完善,我国教育法制建设也逐渐完善,一系列的法律、法规相继问世,如《中华人民共和国教育法》《中华人民共和国义务教育法》《中华人民共和国教师法》等。管理者应加强法制学习,走上依法治校的轨道。

(二)改革管理体制,注重校本管理

教育管理体制改革一直是我国教育改革中十分重要和相当关键的内容。由于教育本身的地位和特点,管理体制的改革往往直接影响和决定着教育中其他领域的改革;而教育改革和发展所取得的成就与存在的各种问题,也都直接或间接地与教育管理体制的改革有着十分密切的联系。《国家中长期教育改革和发展规划纲要(2010—2020年)》第二章"战略目标和战略主题"中指出:"健全充满活力的教育体制。进一步解放思想,更新观念,深化改革,提高教育开放水平,全面形成与社会主义市场经济体制和全面建设小康社会目标相适应的充满活力、富有效率、更加开放、有利于科学发展的教育体制机制,办出具有中国特色、世界水平的现代教育。"

第一,管理体制改革应当定位于建立一个充满活力、规范运作的教育秩序,让不同的学校有不同的定位。一直以来,我国的小学教育缺乏活力。校长是上一级领导任命,直接对上级负责,而不是十分关心学校的发展。建立一个充满活力的教育秩序,让学校在政府、市场、社会团体的共同监督下,便能够激活他们的活力。建议建立一个与教育决策、执行部门相独立的监督体系。可以把现有各级教育督导团改革为教育监督局,直接对各地方政府或人大负责。建立对各地方政府履行教育职责的监督评价体系、对学校的督导评估监督体系和教育质量监控体系,教育监督部门发表中立性质的督导报告,从体制上确保教育督导的客观公正,科学和权威。只有这样,才能够有力地将学校教育的发展融合到当地的社会发展中去,达成一套与社会方方面面相联系的机制。

第二,管理权限下放。应该准许各地根据自己的实际情况和资源状况自主地决定教育的结构和比例、教师的编制、教师的待遇、学校的布局

等教育规划,允许各个学校自主决定学校的教育模式、培养规格等等。目的就在于形成一个各地多样化的、生动活泼的教育生态。

第三,强化教育行政的宏观指导、监督、协调和规划功能。管理体制改革应定位于建设一种服务型的教育行政部门和机构。一直以来,教育行政部门掌管着各种审批手续,教育行政部门的工作人员缺乏一种服务意识。政府的主要功能不是直接当"划桨手",高高在上,而是当"舵手",把握发展的方向,沿着党和国家的教育方针办学。强化政府的公共服务职能要求政府建立服务导向,由原先直接提供服务,转变为扩大公共服务的能力和改善公共服务的品质。

校本管理,简单说来就是着重于以学校为基础或着重于以学校为本位的管理。其含义是:教育的主管部门将其权力逐渐下放给学校,给予学校更大的权力和自由,使学校能按照自己的意愿和具体的情况来决定资源的分配、学校财政的预算、课程的设置、教科书的选择、学校人事决策等方面的改革措施,从而达到变革学校已有的管理体系、优化学校教育资源、提高学校办学质量的目的。校本管理是一种以权力下放为中心的学校管理方式,强调教育管理的重心下移,教育行政部门要敢于放权,赋予学校更大的权力和自由,使学校成为自我管理、自主发展的主体。对于学校而言,可以根据自身的需要确定自己的发展方向和发展模式,从而提高学校管理的有效性,创办出更有效的学校。

传统的学校管理和校本管理不一样的地方体现在,传统的学校管理主要采取外部控制的方式,而校本管理采取的是主要以学校为中心的自主性管理。所以校本管理突破了过去外控式管理的定式,对学校管理的效能有极大的提高。它要求学校中的人,包括领导者、教师共同探讨、分析来解决学校所发生的问题;同时也要求教育管理者从学校自身实际出发,针对本校所存在的问题、发展规划展开各类校本研究,充分挖掘学校自身的种种潜力,充分利用学校的资源,释放学校的生命活力。可见,在校本管理实际中,是以学校为本体,以发展为主旨,以人为主体的管理,学校管理中应以人为本,即学校的所有工作的出发点和归宿点都要做到办校为人、发展靠人,要在管理中激发活力,和谐合作。

(三)改进管理范式,增加柔性管理

科层制管理虽然有太过刚性、不近人情等种种弊端,但是,我们必须承认的是,科层制管理无论是与我国当前的教育管理体制,还是在实际的管理实践中,均有着其不可替代的作用。它能够保证一所学校教学秩序的正常运行和教育管理工作的顺利开展。所以,我们不应认为其存在着一些弊端就一概否定。任何一种管理方式都有其局限性,不能对其苛求过甚。同时,也不能存在放之四海而皆准的管理方式,在任何一个时代,任何一种工作场景,都能够准确适用。所以,小学教育管理首先要明确办学方向,加强目标管理,促进学校的教育教学规范化、学校管理制度化、行政决策科学化。通过对目标过程的管理和成绩的评价,促使各科室、各位教师自觉地以目标统一思想、统一步伐,向预定目标努力工作,从而提高教育教学水平,达到培养全面发展人才的目的,实现学校的教育目标。

在科层制管理范式的基础上,应当增加柔性管理、人本管理或者情感管理。第一,学校管理者应当公平、公正地对待教职工群体。公平与公正是人类社会发展永恒的价值理念。无论是哪个人,都希望得到公平、公正的对待,尤其是在"不患寡而患不均"的中国社会,利益和资源十分有限,故而对公平、公正的期待异常强烈。作为一个懂管理的学校管理者,他首先必须平等地对待每一位教师员工。学校管理者在制定决策的时候,务必首先要把公平、公正放在核心地位。在学校管理中,更要坚持公平公正的原则,坚持教师的人身权利和义务的统一,承认教师权利的合理性与合法性,更要建立合理公正的利益分配机制。美国政治学家罗尔斯很早就指出:"对公平问题的关注应体现在为实现共同利益而紧密合作的行动上。"第二,在管理过程中,管理者应当处处为教师着想,时时刻刻关心教师。教育管理者要深入到教师中倾听他们的想法,向他们咨询有关学校决策的实施问题,让教师有信任感。要关心教师的生活困苦,及时对其进行必要的帮助,解除教师生活上的困难,才能够集中精力地投入到教学中。要从细节入手,切实为教师做好服务。如果教师生病了,学校应该帮忙联系医院和大夫,去医院看望;如果教师子女入学有困难,学校积极联系,帮助教师妥善解决;通过鼓励教师进行体育锻炼、定期查体、开办教师心理健康知识讲座等方式关心教师的身心健康;对于正在进修的教师、怀孕期的教师和年龄大的教师应多关心,实行弹性坐班制,进行柔性管理;对于过生日的教师,可以发放生日贺卡。每个部门都从自己的分管工作入手,考虑如何为教师服好务。第三,作为学校领导,要淡泊名利,尽量把获得荣誉的机会让给那些吃苦奉献、专业技能突出的教师,使他们感到尊重感、荣誉感,使教师认识到自己在学校管理中所处的地位和责任,强烈地感受到自己的职业和工作的社会意义与价值。这样便会激发教师们的工作热情和创造精神,促进他们尽职尽责,甘心奉献教育。第四,要鼓励教师提高学历层次,职后进修培训,不断提高教师的业务水平。小学教育管理者应当摒弃"小学教师水平不需要有多高,能教学生识几个字,能教学生基本的加减乘除就可以"的落后观念,高度重视小学教师的进修培训,应该通过一系列措施完善教师继续教育的终身学习体系,促进教师教育观念转变,拓宽视野,强化教师的创新精神和创新能力。

(四)完善民主管理,发挥教师主体作用

时代发展呼唤学校民主管理,社会主义民主政治的快速发展要求各级各类学校实行民主管理。民主管理能够为缺乏生机的学校教育管理注入新鲜血液,增强生命力。学校民主管理有利于凝聚人心,充分发挥领导班子的核心战斗力,有利于重大决策的科学化,有利于强化教职工的主人翁意识,调动其工作积极性,更有助于校务、政务的公开。

学校民主管理运行机制的健全和完善是实现学校民主管理的有力保障。学校民主管理运行机制是指学校民主管理系统内部各组成要素之间依据一定的规则程序而形成的稳定的相互联系和相互作用的过程和方式。第一,应该建立起和完善好校的民主管理相关制度。民主化管理制度不仅仅是民主决策制度,还应有责任追究、民主监督等制度,其具体的表现形式如学校的职代会制度、校务公开制度、校务委员会制度等。健全民主管理制度需要以国家制度为依据,制订具体的落实方案,要求

具体内容方面要进行细化,使组织的构成、产生代表的方式、权力的配置,使其具有较强的操作性、针对性。对于一些重大的管理制度,如奖金分配制度、教师聘任与考核制度、教学质量监控制度等都要通过民主程序制定,做到程序民主和制度合法。第二,建立健全民主管理的专门机构,为实施民主管理提供组织保障。学校的民主管理是不能简单的以一两个部门或者几个人就能做到的,需要成立专门的相关组织体系,这种组织体系既要相互联系同时又能相对独立才能完成其使命。从民主的决策、执行、监督以及反馈的整个民主管理过程,需要有具体的组织机构来承担。管理机构设置好以后,就必须配置相应的民主管理人员。在民主管理机构的人员构成上,既要考虑其广泛性,注意选择不同地位、不同职位、不同身份的人员参加以适应各机构的职能性质,也要考虑到整个学校的人员比例问题,各个方面的利益尽可能兼顾。

完善民主管理,需要充分发挥教师的主体作用。在现代管理理念中,教师群体同样是管理的主体,而不是传统上的被管理者,为此,必须让全校的教职工都参与到学校管理中来。在以人为本的发展观指导下,从群众中来,到群众中去,制定重大决策,广泛听取和采纳教师群体的意见和建议,以防止一人专权,独断专行。要高度重视教职工代表大会这一学校民主管理的基本组织形式。教职工代表大会(简称"教代会")是指在学校管理中引入民主机制,由教职工通过推选代表、组成代表会议的形式,依法行使学校民主决策、民主管理和民主监督等权利的机构。教代会可以依法保证教职工对学校重大决策的知情权和民主参与决策权,维护教职工根本利益和合法权益。因此,需要定期召开教代会,让全校教职工对学校管理具有知情权、参与权、评判权、表决权等多项权利。

(五)加强文化建设,营造和谐学校

文化的力量是巨大的。从一定意义上来说,一个国家的文化决定着这个国家的命运。各个国家的文化不同,因此各国的思维也不同。不同的文化思维,导致了各个国家的不同经济发展水平。校园文化是学校教

育的重要组成部分,是全面育人不可或缺的重要环节,是展现一个学校教育理念、办学特色、师生文明状态的重要平台,是学校常规管理的重要内容。校园文化是学校在长期的实践活动中,通过累积、积淀、凝聚与升华而形成的具有自己特色的群体观念和行为及其物化的表现形式。校园文化是一种无形的、巨大的教育力量,对引导青少年树立正确的社会主义荣辱观、培育"四有"新人和培养全面发展的社会主义事业建设者和接班人具有十分重要的意义。加强学校校园文化建设,是贯彻党的教育方针,全面推进素质教育的要求。

加强校园文化建设,就要注重人文关怀,培育具有人情味的校园。教师是学校发展的关键,需要管理者给予更多的关怀和帮助。这不仅仅是指在生活上给予照顾帮助,更为关键的是要给教师营造一种宽容的、宽松的、有浓厚关怀氛围的环境,能够让我们的教师拥有强烈的归属感,更加努力的工作。因此,在管理中管理者要时刻关注教师的生存、生活、生命,支持教师的发展。现代学校的管理者不仅要关注教师业务水平的提升,更要关注教师在校园的精神生活状态和身心健康。校园是师生共同生活、学习的地方,要想让教师为学生创造一个健康成长的乐园,那么管理者就必须要首先考虑为教师创造幸福、快乐的心灵家园,让教师感受到校园生活是幸福、快乐的。只有当教师体验到工作中的幸福、快乐,才能输出幸福、快乐,把爱的体验传递给学生。

建立友好人际关系,营造和谐校园。人际关系是我们在社会实践中与人产生的交往关系。人际关系可分为先天性和后天性的人际关系,具有发展性。人际关系的目标乃是要建立幸福人生、和谐组织。任何人都离不开一定的社会组织而独立存在,每个人都不是一个孤立的个体。校园是一个追求"真、善、美"的场所,无论是身为领导的管理者,还是执掌教鞭的人民教师,抑或心灵纯洁的小学生,均因为在校园这样一个组织之中而紧密联系在一起。在充满和谐氛围的校园中,人与人之间相互传递着关怀和爱,日积月累,便在潜移默化中建立起一种友好的人际关系、和谐的校园。和谐的校园可以极大地改善学校成员之间、学校成员与学校之间、学校与社会之间的相互关系;和谐的校园使学校共同的价值观念和文化氛围将人们的思想情感和行为团结在一起,形成一种强大的向心力,从而提升学校的生命力,推动学校的变革与发展。

第三节　新课改背景下的小学教育管理模式创新

义务教育课程规定了教育目标、教育内容和教学基本要求,体现国家意志,在立德树人中发挥着关键作用。2001年颁布的《义务教育课程设置实验方案》和2011年颁布的义务教育课程标准,坚持了正确的改革方向,体现了先进的教育理念,为基础教育质量提高做出了积极贡献。随着义务教育全面普及,教育需求从"有学上"转向"上好学",必须进一步明确"培养什么人、怎样培养人、为谁培养人",优化学校育人蓝图。当今世界科技进步日新月异,网络新媒体迅速普及,人们生活、学习、工作方式不断改变,儿童青少年成长环境深刻变化,人才培养面临新挑战。义务教育课程必须与时俱进,进行修订完善。为贯彻落实党的十八大、十九大精神,落实全国教育大会部署,全面落实立德树人根本任务,进一步深化课程改革,2022年3月教育部印发了《义务教育课程方案和课程标准(2022年版)》,于2022年秋季学期开始执行。这次义务教育课程方案和课程标准的修订,从国家层面厘清了育人目标,校准了改革方向,优化了课程内容,是实现教育高质量发展的再动员再部署。

一、在新课程改革形势下小学教育管理中存在的问题

(一)小学教育管理出现教条化

小学生年纪较小,而学校的校规校纪和管理制度相对比较细致,将小学生局限于狭小区域内,使其进行墨守成规的学习。小学生对于自身安全的防范意识相对薄弱,小学管理显得相对严格,这种严格的管理方式使学生产生逆反心理。学习方面,小学生年纪小,但天性活泼好动,很难认真听课,不能完全将注意力放在学习上,教师对学生进行严格的管

理工作,学生按照教师的思路行动,制约了学生的思想发展,不利于学生的思想创新。小学教师在实际的教学过程中利用传统的教学方式教育学生,按部就班地依据校规教育管理学生,不重视学生的发展,不重视学生对学习的想法,不利于学生的跳跃性思维的发展。大部分小学教师会在教育教学中沿袭老的教学理念,这种传统的教学理念与现代社会发展不符,出现诸多缺陷。我们应该重视改革创新问题,做到取精华弃糟粕,不能让传统的教学思维使小学教育管理变得局限化,应该不断更新教育管理方式,利用实际情况对学生做具有针对性的管理工作。大部分小学教师在具体的教育教学阶段出现诸多教条化的东西,不仅不受小学生喜爱,甚至小学生对这种教条化的教育教学出现逃避心理。以教学课堂为例,教师在课堂中组织学生进行多样化活动,如合作学习、师生合作、分组讨论活动,这些活动本身没有问题,只是教师在活动中掺杂了较多的校规校纪,致使上述活动非但没有发挥自身优势,反而成为耽误学生学习的因素。小学教育教学中的教条化问题还存在另一种情况,学校的规定延伸到课上课下的任何地方,对于学生的发展形成一种限制。

(二)小学教育管理的师资相对落后

伴随我国社会经济发展进步,教育工作能够较好地完成育人与服务社会的重要任务,但社会不断变化,教育教学工作应该随社会的不断变迁调整自身的教育管理模式,这有助于确保教育工作能够平稳持续地发展。现阶段,诸多小学教育管理工作缺乏专业性人才,部分教师属于兼职,阻碍教育管理体系的健全与完善。高等院校需要不断培养一批教育管理的专业性人才,把更多专业教育管理人才派送至教育管理岗位中,促进小学教育管理工作顺利展开。

(三)教育管理理念相对老旧,未能适应现代发展

在小学教育管理工作中,教育管理理念能够起关键的指导性作用,因此在具体的教育管理工作中不能缺少良好的管理理念。小学新课程改革不断深入演进,然而很多学校未能建立与自身发展适应的现代教育理念,依然使用传统的教育管理模式,尤其是教师与学生的管理模式依

然单一、陈旧,不重视小学生的素质培养,不重视学生的全面发展。除此之外,由于小学教学管理理念陈旧,在具体改革教育管理工作中存在一定障碍,不利于改革工作的演进。

二、新课程下的小学教育管理创新方案

(一)改善教育者的教学模式

新课程改革的出现,要求教师要不断在之前教学模式的基础上开发适合学生身体上和心理上发展的方式,注重小学生思想的变化,细心地观察每个学生不同的行为习惯,制订适应每个学生自身的教学计划,从而加强学生各个方面的能够正常发展的力度。学校也应结合时代发展现状,及时调整管理机制,定期邀请先进人物到学校对教师进行提升教育,使教师及时看到自身不足,汲取经验知识。

(二)从小学生自身出发,保护孩子的自主性

教育应该从小学生的本身出发,首先要做的是培养他们在处理事情上具有自己独特的理解能力和处理问题的方式,提升小学生自主思考的能力,防止一味模仿其他同学,缺乏自己的主见,盲目追随的现象出现。然后也要尊重学生本身的特征和特点的形成,由以教师为主体的课堂向以学生为主转变,并激励学生增加对生活的向往和对学习的热爱,培养他们的学习积极性,提高他们的学习质量和水平。

(三)尊重小学生个体差异性,因材施教

由于家庭经济情况的不同,学生的习性、性格、生活方式、价值观等各方面都不同,每个学生都有属于自己特有的个性特点,个体差异性由此表现,小学生也是一样。因此,需要教育工作者必须对小学生因材施教,并在教育教学中渐渐改善、逐步完成对小学生管理体制的建立。同时,增加施展个性、创新思维的课堂,为学生提供展现自己、互相交流的学习平台,并以正确的思想行为对他们做出引导,促其淋漓尽致地表现自己。此外,通过加设思想道德课和社会实践课,培养他们自主学习锻

炼等方面的能力[①]。

(四)注重小学生心理变化,创造和谐环境

社会经济的发展、物价的提升,使家长的经济负担逐渐加重,从而放弃了与孩子交流相处的时间,这往往会造成学生心理上发育不完善,心灵遭到创伤,也会影响学生心理健康的成长。因此,家长这方面对孩子的欠缺就由学校这个集体来填补,所以学校应该注重传播心理健康教育,适当地将心理健康教育与小学生的教育结合在一起,使学生在学校能够没有心理负担地快乐学习、健康成长。同时,学校应该为学生创造和谐的学习生活环境。由于小学生特殊的成长阶段,各方面发展没有进入到理想的状态,而这种时期的心理状况直接影响以后的学习和成长,正确有效地进行心理上的引导才能使学生在学习和认识事物时产生积极作用,进而增加其对生活和学习的激情。

(五)多样的教学方法

随着科技的发展,信息技术渗入教育事业是不可避免的趋势。其中以计算机渗入现代教育为主要代表,它在教学上的应用实践与开发已被广泛重视,并得到了一线教育工作者的一致认同。计算机本身是教育进步的一个产物,理应用到教育事业中。但是,在进行计算机等方式教育教学的同时,也要结合实际,考虑其可行性。比如,视频教育、远程教育、PPT教学等,要相互结合,不能千篇一律,以防止小学生对其产生厌烦和排斥。

(六)坚持原则

无论从校方领导阶层出发,还是从教师的角度考虑,新课改背景下的教育教学必须坚持原则,不能无头绪、无纲领地盲目教学。

第一,主体性原则。就是要把学生摆到教育工作的主体位置,让学生成为课堂的主人,教师只是起到引导作用,帮助学生发挥其才能,发展其个性,形成新时代下的激情、有趣、和谐的课堂。学生思维是活跃的,

---

①李莉.浅谈新课程改革背景下的小学教育管理方式[J].天天爱科学(教育前沿),2020(11):144.

我们即使不能开发他们的思维,但也绝不能去禁锢他们的思维模式。

第二,开放性原则。小学生的心理本身就是一处待开发的领域,他们不会排斥外界,喜欢去接触未知事物。而在课堂教学中,教师应该做到让学生的心态开放、思维开放、视野开放;在教学内容上,要让学生不拘泥于教材,也不局限于教师的知识视野。此外,教师还应该对学生进行开放性的思维训练,不能轻率地否定学生的探索;要肯定学生的劳动成果,给学生加以指引,不要强调标准答案,要鼓励学生适当地、正确地标新立异。

第三,挑战性原则。教师要倡导和鼓励学生对权威进行挑战,不要墨守成规。教师不是教育的权威,只是教育的引路人,应该允许学生发表与教师不同的意见和观点;鼓励学生敢于向课本挑战。课本的思想是严谨的,也是积极的,但并不一定适合所有人,它是教化学生,不是禁锢学生。

参考文献

一、专著

[1]杜艳芳.实践取向理念下的小学教育与管理[M].长春:吉林大学出版社,2016.

[2]黄云峰,姚翠薇,杨军.小学教育管理[M].成都:电子科技大学出版社,2019.

[3]兰正强.当代视角下的小学教育管理研究[M].芒市:德宏民族出版社,2018.

[4]李树清.中小学教育教学管理[M].天津:南开大学出版社,2014.

[5]吕天.小学教育理念与教学管理[M].延吉:延边大学出版社,2019.

[6]孙雷.小学教育管理[M].北京:现代出版社,2016.

[7]张冬倩.小学教育与管理研究[M].北京:现代出版社,2020.

[8]赵德丽,商林娜,李东红.小学班主任工作与班级管理艺术[M].延吉:延边大学出版社,2018.

[9]周琴,黄敏,潘伟峰.小学班级管理[M].长沙:湖南大学出版社,2020.

[10]周勇.小学班级管理[M].南京:南京大学出版社,2020.

[11]朱宛霞.中小学班级管理[M].昆明:云南美术出版社,2018.

二、期刊

[1]陈林,张树苗.小学教师必备素质:课堂管理能力[J].黑龙江教育学院学报,2019,38(5).

[2]陈振贵.小学校园文化建设管理分析[J].文理导航(下旬),2022(4).

[3]程方平.中小学生行为管理的问题与建议[J].中国德育,2018(21).

[4]方威.基于生本教育理念的小学教育管理模式研究[J].教育艺术,2022(7).

[5]金安绪.探析小学校园文化建设的实践路径与现实意义[J].读写算,2021(2).

[6]李莉.浅谈新课程改革背景下的小学教育管理方式[J].天天爱科学(教育前沿),2020(11).

[7]马仲维.以人为本视角下的小学教育管理模式的研究[J].新课程,2021(51).

[8]田星.浅论小学校园文化建设的心育功能[J].读与写(教育教学刊),

2020,17(1).

[9]王琳萍,郑向阳,马文莉.开展中小学生质量管理活动的必要性[J].中国质量,2019(12).

三、学位论文

[1]金颖.以人为本视域下的小学教师管理研究[D].南充:西华师范大学,2018.

[2]李婧雅.小学生自我管理能力现状调查研究[D].沈阳:沈阳大学,2021.

[3]吕贻勤.小学德育活动管理研究[D].贵州:贵州师范大学,2019.

[4]王萌.中学教师自我管理能力的现状与对策研究[D].延吉:延边大学,2018.

[5]韦荣娜.人本管理思想在小学德育管理中的实践研究[D].南京:南京航空航天大学,2020.

[6]寻广访.小学德育实践活动存在的问题及对策研究[D].牡丹江:牡丹江师范学院,2020.

[7]余佳雯.中小学教师管理中的激励机制研究[D].南昌:江西农业大学,2021.